CW00429863

LA

BATAILLE DE SEDAN

PARIS — TYPOGRAPHIE DE A. POUGIN, 13, QUAI VOLTAIRE. — 4013

LA
BATAILLE DE SEDAN

HISTOIRE

DE

LA CAMPAGNE DE 1870

Depuis le 23 Août jusqu'au 2 Septembre

PAR

LÉO JOUBERT

———

OUVRAGE ACCOMPAGNÉ D'UNE CARTE GÉOGRAPHIQUE

———

PARIS

LIBRAIRIE DU *MONITEUR UNIVERSEL*

13, QUAI VOLTAIRE, 13

—

1873

PRÉFACE

—

L'impression de ce volume était terminée et il allait paraître lorsqu'on a reçu la nouvelle de la mort de l'empereur Napoléon III. Ce prince tient naturellement une grande place dans notre récit; nous avons dû exposer avec franchise les fautes qu'il commit ou laissa commettre alors et dont les suites ont été si terribles pour notre pays; nous avons aussi, pour expliquer la soudaine défaillance que l'on remarqua chez lui, dû revenir sur sa vie entière et chercher dans les dispositions de son esprit, même à l'époque de sa plus grande prospérité, quelques-unes des causes de sa chute en 1870. Le portrait que nous avons tracé de lui au chapitre III de cette histoire était fait sur l'homme vivant; aujourd'hui qu'il n'est plus, nous avons à prier le lecteur de transposer mentalement au passé ce qui sous notre plume est au présent. Ce n'est qu'une observation pour ainsi dire grammaticale; mais il nous reste à faire au public une demande plus importante.

Ce livre contient la vérité, ou au moins toute la part de vérité qu'un examen soigneux des divers témoignages et beaucoup de réflexion nous ont fait découvrir; il est

écrit sans haine, sans passion, avec le désir de rendre
justice à chacun. L'homme qui gouverna la France pendant vingt ans y est traité avec respect; mais comme
il n'a point été possible de ne pas indiquer ses défauts à
côté de ses qualités, cette appréciation, froidement im-
partiale, tombant au milieu d'un deuil si récent, ne
répondra pas aux sentiments que ce deuil inspire, elle
semblera inopportune; aussi, nous empressons-nous de
déclarer que la coïncidence entre la mort de l'empereur
et l'apparition de notre volume est toute fortuite; nous
ne l'avons pas cherchée, il n'a pas tenu à nous de l'éviter.
C'est ce que nous prions nos lecteurs de prendre en
considération.

Nous n'ajoutons plus qu'un mot. Les documents publiés à l'occasion de la mort de Napoléon III prouvent
que depuis longtemps il était atteint plus sérieusement
même que ne le faisaient supposer ses deux graves ma-
ladies de 1866 et 1869. Au commencement de juillet 1870,
trois ou quatre jours avant qu'éclatât l'incident Hohenzollern, plusieurs célèbres médecins réunis en consultation
avaient reconnu chez lui une affection interne des plus
cruelles, et conclu à la nécessité d'une opération chirur-
gicale. L'empereur, soit qu'on lui eût caché l'avis des
médecins, soit qu'il lui répugnât de le suivre, partait
quelques semaines plus tard pour l'armée du Rhin, sans
s'être soumis à un traitement qui, à cette époque, offrait
bien plus de chances favorables que lorsqu'on l'a tenté dans
une période beaucoup plus avancée de la maladie. Il était
patient dans la douleur. Mais les souffrances qu'il suppor-
tait avec un courage silencieux n'en agissaient pas moins
sur sa volonté qu'elles contribuaient à user et à détruire.
Il n'était plus propre à la vie active d'un général comman-

dant une grande armée; on s'étonne même qu'il ait pu, comme il le fit, rester plusieurs heures à cheval sur le champ de bataille de Sedan. Voilà ce qu'il faut toujours avoir présent à l'esprit lorsqu'on juge sa conduite en 1870, voilà ce que sa fin a mis hors de doute.

La catastrophe que nous racontons dans ce livre rendit au moins à l'empereur un certain repos physique, mais les souffrances morales s'ajoutèrent aux douleurs du corps pour achever de ruiner sa santé; il supporta les unes comme les autres, avec calme et sans se plaindre; à peine le savait-on dangereusement malade lorsqu'on apprit qu'il n'était plus. Si loin que nos opinions nous placent de la cause personnifiée dans le neveu de Napoléon, nous ne sommes point insensible au coup soudain que la mort vient de frapper; nous ne voudrions pas qu'une seule des paroles écrites il y a cinq ou six mois, lorsqu'un pareil événement ne paraissait nullement probable, offensât un deuil que nous respectons. Nous sentons qu'il manque à ce portrait de l'empereur la tristesse émue qu'évoque une mort récente. C'est une nuance que nous y aurions introduite s'il nous avait été possible de revenir sur ce qui était imprimé : le lecteur l'y ajoutera de lui-même.

11 janvier 1873.

LA

BATAILLE DE SEDAN

CHAPITRE Iᴱᴿ

L'EMPEREUR AU CAMP DE CHALONS
16-19 août 1870

Forces comparées de l'Allemagne et de la France. — Premiers revers de l'armée française. — L'empereur remet le commandement au maréchal Bazaine et quitte l'armée. — Son arrivée au camp de Chàlons avec le prince Napoléon, le 16 août au soir. — Arrivée du général Trochu et du maréchal de Mac-Mahon. — Conseil tenu le 17. — Trois décisions prises : Nomination de Mac-Mahon comme commandant de l'armée de Chàlons, nomination de Trochu comme gouverneur de Paris, retour des mobiles de la Seine sous Paris. — Intention de l'empereur de revenir à Paris, et projet de retraite de toute l'armée sur la capitale. — Dépèche du général de Montauban à l'empereur pour le détourner de ce double projet. — Arrivée de Trochu à Paris, et son entrevue avec l'impératrice. — État des esprits. — L'empereur renonce à ses premières résolutions et reste au camp de Chàlons.

La courte campagne qui commença le 23 août à Reims et se termina le 2 septembre par la capitulation de l'armée de Chàlons, est le fait le plus tristement mémorable de nos longues annales. La capitulation de l'armée du Rhin livra à l'ennemi plus d'hommes, plus d'armes et une place auprès de laquelle Sedan n'est qu'une forte-

1

resse insignifiante ; à tous ces titres elle fut un désastre militaire encore pire, mais elle n'eut pas le même caractère de soudaine et effroyable catastrophe, et, ni en France, ni dans le reste du monde, elle ne produisit une aussi forte impression ; enfin elle n'est pas liée, comme la première, à la chute d'un empire. La ruine complète de l'armée de Châlons prit le pays par surprise, et à ce peuple, si mal informé de ses affaires, si nourri de flatteries, d'illusions et de mensonges, elle parut plus incompréhensible encore qu'humiliante ; comme on ne voulait point croire que des Français pussent être vaincus naturellement, par leur faute, on ne manqua pas d'expliquer leur défaite par cette ordinaire et ignoble consolation de notre vanité blessée, la trahison. Il se forma aussitôt une légende de Sedan ; l'empereur y jouait le rôle de grand traître ; on disait, on a imprimé sans doute qu'il avait entraîné son armée loin de Châlons pour la perdre, et qu'il l'avait livrée tout entière au roi de Prusse pour acheter sa protection. Ces étranges accusations que la haine contre le dernier souverain imaginait et propageait devaient disparaître dès que l'histoire viendrait jeter un peu de lumière sur les événements d'août et de septembre 1870, et alors aussi se montreraient clairement les causes d'un désastre qui ne fut point un accident imprévu, mais le terme fatal d'une longue série de fautes dont l'empereur ne doit pas seul porter la responsabilité et où la France tout entière doit se faire une part, parce que tout entière elle en fut plus ou moins complice.

L'empereur, comme chef d'État, manqua de pré-
voyance et de fermeté ; comme chef militaire, il fut d'une
insuffisance déplorable. Il ne remédia point aux défauts
qu'on lui signalait, ou qu'il reconnaissait de lui-même
dans l'organisation de notre armée ; il ne veilla pas à ce
que nos forteresses fussent en bon état de défense ; il
se précipita aveuglément dans une guerre qui pouvait
être au moins retardée. Que ses amis l'excusent ; nous
le plaignons et nous ne l'excusons pas. Mais qui donc
avait renversé Louis-Philippe, sous prétexte que sa politique pacifique était une honte pour la France ? Qui
avait décerné le pouvoir souverain à un homme dont le
seul titre était de porter le plus grand nom militaire des
temps modernes ? Qui avait applaudi à la guerre d'Italie où fut frappée la rivale séculaire de la Prusse ? Qui
avait ressenti la bataille de Sadowa comme une humiliation nationale ? Qui n'avait cessé de reprocher à
l'empereur d'avoir laissé échapper cette occasion de
porter notre frontière jusqu'au Rhin ? Qui s'était refusé
au service obligatoire ? Qui avait propagé l'idée absurde
que la garde nationale peut remplacer l'armée perma-
nente ? Qui avait représenté la discipline comme un
danger pour les libertés publiques ? Chaque opinion se
fera sa part dans ces interrogations et dans les réponses
qu'elles provoquent. Nous ne voudrions rien dire qui
offensât notre pays dans son malheur, mais nous ne
voudrions pas non plus le tromper ; nous savons où
mènent les agréables mensonges.

La France a été trahie par son ignorance et sa pré-

somption, par son instabilité, par ses emportements
suivis de défaillances ; elle a été trahie par ses défauts ;
ce sont là les traîtres que l'histoire doit dénoncer sans
pitié, dont elle doit faire bonne et rigoureuse justice,
afin que les nobles qualités de ce peuple, sa belle situation géographique et les richesses de son sol ne
restent pas inutiles ou ne soient pas détournées à d'in
dignes usages.

Jusqu'ici nous n'avons pas d'histoire de la campagne
de Sedan. Quelques courts récits faits par des témoins
oculaires, des relations plus étendues, écrites dans un
dessein d'apologie personnelle par quelques-uns des
principaux acteurs, sont des matériaux pour cette histoire, et non pas cette histoire même. Nous voudrions
tirer de ces divers documents une narration suivie,
claire, véridique, exempte des passions de parti, équi-
table pour les hommes, mais aussi sans faiblesse pour
eux comme pour la nation : la France a besoin qu'on
lui dise la vérité. D'ailleurs, dans l'espèce de procès
qui s'engage toujours à la suite d'événements comme
ceux auxquels nous venons d'assister, l'histoire ne
fait point l'office d'avocat. Elle ne connaît les accusa-
teurs et les accusés que pour les entendre avec une
égale attention ; mais elle ne saurait sans se rabaisser
s'associer à leurs intérêts et partager leurs passions.
Elle ne plaide ni pour ni contre. Elle tient compte de
l'opinion publique comme d'un élément d'appréciation,
mais elle se garde de s'y asservir et d'en épouser les
illusions, les préjugés, les engouements et les colères ;

elle cherche la vérité, la poursuivant jusque dans les contradictions des témoins, s'efforçant de la saisir au milieu des réticences des uns, des exagérations des autres : la découvrir lui suffit, et comme en la cherchant elle n'avait pas d'autre but que de la trouver, elle n'a point non plus, l'ayant trouvée, d'autre objet que de la montrer tout entière.

L'Allemagne et la France avaient, en 1870, à peu près la même population ; chacun des deux pays, s'ils avaient eu la même organisation militaire, aurait donc pu mettre sous les armes pour sa défense un nombre égal de soldats ; mais d'un côté existait le service obligatoire pour tous, de l'autre la conscription avec la faculté du remplacement. Cette différence dans les institutions avait eu pour résultat une inégalité numérique très-considérable entre les forces dont disposaient ces deux grandes puissances. L'ensemble des forces françaises, en y comprenant les non combattants et les troupes de police, allait à 798,000 hommes environ ; les forces allemandes s'élevaient à plus de 1,136,000 hommes. La différence était bien plus frappante encore si l'on ne considérait que les armées actives ; la France pouvait mettre en ligne 427,000 hommes y compris les officiers, l'Allemagne pouvait en mettre 668,000. L'historien prussien, M. Borbstaedt, qui a établi un tableau comparé très-minutieux des forces des deux pays, le résume ainsi : l'Allemagne du nord et l'Allemagne du sud pouvaient, en cas de guerre, disposer de plus que la France de 241,000 hommes pour l'armée active, de 139,000 hommes pour les troupes de dépôt, de 84,000 hommes pour les troupes de garnison, c'est-à-dire en tout de 464,000 hommes.

La grande infériorité du nombre n'était pas le seul désavantage qu'eût l'armée française vis-à-vis de l'armée allemande. Tandis que dans cette dernière les corps d'armée sont organisés d'avance tels qu'ils doivent entrer en campagne, en France cette organisation ne se fait qu'au moment de la guerre, ce qui prend du temps et nuit à la cohésion des troupes; c'est certainement un grave inconvénient que de débuter ainsi dans une campagne avec des formations nouvelles faites en toute hâte.

Notre armement, sans être défectueux, ne compensait pas la double inégalité du nombre et de l'organisation. L'infanterie était pourvue du fusil chassepot, fort supérieur au fusil à aiguille prussien pour la rapidité et la portée du tir; mais la rapidité n'est pas toujours un avantage, elle induit le soldat à dépenser ses munitions dès le début de l'action, de sorte qu'il peut en manquer vers la fin de la bataille; la longue portée n'a tout son effet que dans la défensive; l'offensive, en rapprochant les distances, fait disparaître en partie cet élément de supériorité. La nature de l'arme amena trop souvent nos généraux à se tenir sur la défensive, qui n'est pas le genre de tactique le plus convenable au tempérament français.

L'artillerie ennemie, proportionnée au chiffre de l'armée allemande, surpassait de beaucoup la nôtre en nombre ; il semble aussi que ses canons se chargeant par la culasse avaient un tir plus rapide, plus juste et d'une plus longue portée que les nôtres. On discute encore sur la valeur comparée des canons d'acier et des canons de bronze, mais on ne conteste pas que, dans la campagne de 1870-1871, l'artillerie allemande ne se soit montrée supérieure à l'artillerie française.

Du côté des Français, on comptait beaucoup sur les canons à balles ou mitrailleuses. Cet engin, par la grande quantité de projectiles qu'il lance à la fois, accroît le feu de l'infanterie, mais il ne remplit pas le rôle de l'artillerie, et ne saurait lutter contre elle ; il ne convient qu'à la défense des positions attaquées ; il fait alors de véritables ravages dans les troupes assaillantes, mais dans l'offensive son efficacité diminue sensiblement ; ce fut encore une des raisons qui décidèrent les généraux français à rester presque constamment sur la défensive.

A ces causes d'infériorité, il s'en joignait deux autres qui furent les plus graves de toutes : le manque de préparation et l'absence de direction.

Quand le ministre de la guerre, le maréchal Lebœuf, disait au printemps de 1870, dans une discussion devant le Corps législatif : « Mon devoir est d'être prêt et je suis prêt, » quand il répétait d'une manière plus péremptoire le même mot dans les conseils qui précédèrent la déclaration de guerre, il était de bonne foi. Il avait sous les armes le nombre de soldats réglementaire, il pouvait rappeler ses réserves aussi vite qu'on l'avait fait à aucune autre époque; ni les armes, ni les munitions ne manquaient, et les approvisionnements étaient suffisants. Enfin tout était prêt suivant la routine des bureaux, rien ne l'était en réalité. On n'avait pas étudié sérieusement l'éventualité d'une guerre avec la Prusse; on n'avait pas arrêté d'avance pour cette éventualité la composition des corps d'armée et leurs états-majors; les approvisionnements restaient entassés dans des endroits éloignés, au lieu d'être distribués avec intelligence dans des villes rapprochées de la frontière; les places fortes négligées n'avaient ni vivres, ni munitions, ni troupes de garnison en quantité suffisante; les moyens de transport par les chemins de fer n'étaient pas réglés de manière à éviter les faux mouvements et les encombrements ; enfin aucun plan d'ensemble pour les opérations n'avait été combiné. En un mot, on n'avait pas profité de la paix pour se préparer à la guerre. L'armée française n'avait pas déchu de son ancienne valeur, mais elle ne s'était pas perfectionnée non plus, et c'était une véritable déchéance que de rester stationnaire devant les grands progrès que faisait l'armée prussienne.

L'empereur Napoléon et le maréchal Lebœuf abordaient donc cette lutte formidable avec l'idée trompeuse que nos forces étaient prêtes pour une entrée immédiate en campagne; elles ne l'étaient pas.

Le gouvernement impérial, en déclarant le 15 juillet la guerre à la Prusse, comptait pouvoir jeter en quinze jours 300,000 hommes sur la frontière et même au delà, jusqu'au Rhin. C'était une illusion. En supposant même qu'il pût dans cet espace de temps amener un aussi grand nombre d'hommes sur la rive droite de la Sarre, il était hors d'état de les y amener pourvus de vivres, d'artillerie, de munitions, enfin de tous les services accessoires qu'exige une armée en campagne. Notre organisation militaire ne se prête pas à une mobilisation aussi rapide. L'empereur et son ministre de la guerre n'auraient pas dû l'ignorer. En fait, au lieu d'avoir 300,000 hommes en quinze jours, nous n'en eûmes que 200,000 en vingt jours.

Lorsque les hostilités commencèrent, le 2 août, voici quelles étaient exactement les forces que nous pouvions mettre en ligne : 1er corps, 41,000 hommes ; 2e corps, 26,000 hommes ; 3e corps, 39,000 hommes ; 4e corps, 29,000 hommes ; 5e corps, 25,000 hommes ; garde impériale, 22,000 hommes. Le 6e corps en formation avait ses divisions à Paris, à Chàlons, à Soissons ; le 7e corps, également en formation, ne put disposer au début de la campagne que d'une seule division. Ainsi les forces que nous pouvions opposer à l'ennemi dans la première semaine du mois d'août se réduisaient aux cinq premiers corps, à la garde et à une division du 7e corps, c'est-à-dire à 200,000 hommes tout au plus, encore n'étaient-ils pas complétement organisés.

L'empereur savait ou aurait dû savoir que la Prusse, grâce à des institutions militaires très-perfectionnées,

1.

n'avait besoin que de vingt et un jours pour mobiliser
son armée, et qu'avec les contingents de l'Allemagne
du sud, sans dégarnir ses places fortes et tout en laissant suffisamment de troupes pour protéger son litto-
ral du nord contre une attaque possible des flottes
françaises, elle aurait, vers le 6 août, 400,000 hommes
sur notre frontière ; 400,000 contre 200,000, la dispro-
portion était énorme.

On aurait pu l'atténuer par une bonne distribution et
un vigoureux emploi de nos forces ; mais la direction
manqua lorsqu'elle était le plus nécessaire. L'empereur et le ministre de la guerre, maintenant major-
général, pliant sous le poids de difficultés imprévues,
flottaient de projet en projet sans s'arrêter à aucun ;
ils fatiguaient les troupes d'ordres et de contre-ordres
et les laissaient dispersées sur une longue ligne que les
Allemands, bien informés de nos incertitudes, s'apprê-
taient à briser sur deux points. Tandis que l'empereur
hésitait, l'ennemi décida. La troisième armée allemande, d'un effectif de 180,000 hommes [1], se précipita
sur le 1er corps français commandé par le maréchal de
Mac-Mahon, le battit séparément à Wissembourg et à
Reichshofen et le rejeta au-delà des Vosges : retraite pré-

---

1. Toute la troisième armée ne combattit pas à Wissembourg
et à Reichshofen; cette armée ne fut même jamais réunie tout
entière sous la main du prince royal de Prusse qui la commandait; le vie corps ne le rejoignit qu'après Reichshofen, et la division badoise le quitta dès le début de la campagne pour aller
investir Strasbourg.

cipitée qui entraîna celle du 5ᵉ corps; la première armée
et la deuxième, dont les effectifs réunis s'élevaient à
267,000 hommes, refoulèrent avec leurs avant-gardes
le 2ᵉ corps dans la direction de Metz ; sous la pression
de cette masse colossale, les autres corps français
reculèrent également sur la Moselle, qu'il ne parut bientôt plus possible de défendre. L'empereur, atterré de
cet effrayant début de la campagne, reçut la démission
du maréchal Lebœuf et remit, le 12 août, le commandement de l'armée du Rhin au maréchal Bazaine, en lui
ordonnant de la ramener derrière la Meuse.

Le 14, il sortit de Metz, et le 16, accompagné de son
fils encore enfant et du prince Napoléon, il quitta l'armée vers cinq heures du matin. La veille, le 15 août,
jour de la fête des Napoléon, devant la porte de la ferme
du Point-du-Jour, en haut de la côte de Gravelotte,
assis sur une chaise de paille, il avait assisté morne au
long défilé des troupes. Maintenant il s'éloignait de
Gravelotte, où allait commencer quatre ou cinq heures
plus tard une des plus terribles batailles de ce siècle,
et, sous l'escorte de deux régiments de chasseurs
d'Afrique, il gagnait Verdun par la route de Conflans et
d'Etain. Il ne rencontra pas d'ennemis, quoique des
escadrons de uhlans fussent déjà répandus dans cette
région boisée qui sépare la Moselle de la Meuse. Dès
son arrivée à Verdun, il se fit conduire, par un train de
chemin de fer, au camp de Châlons où il arriva le soir
du même jour. A une des stations voisines du camp,
il trouva le général Trochu qui venait prendre le com-

mandement du 12ᵉ corps. Le général s'approcha du
wagon de l'empereur, serra les mains de Sa Majesté
et l'assura de tout son dévouement. Le maréchal de
Mac-Mahon arriva au camp quelques heures après
l'empereur.

A quarante-huit lieues de Paris environ, à six lieues
au nord de Châlons, s'étend une vaste plaine de 12,000
hectares, où depuis 1857 un camp avait été établi entre
la Vesle, à l'ouest, et la Suippe, à l'est. Le terrain est
faiblement ondulé au sud, et c'est, dit-on, dans ces
plaines crayeuses que les Romains, avec les Wisigoths
et les Franks, remportèrent sur Attila la victoire des
Champs catalauniques. Le sol se relève un peu au nord-
ouest vers Reims et présente quelques points d'appui
pour une armée.

La plaine de Châlons était depuis treize ans un champ
de manœuvre pour l'armée française ; on devait croire
que nos officiers supérieurs en connaissaient jusqu'aux
moindres accidents. L'empereur s'y était fait construire
un quartier impérial composé d'élégants pavillons ; il
y avait créé aussi huit fermes modèles, car il avait le
goût de l'agriculture. Un chemin de fer aboutissant au
Petit-Mourmelon, à quelques kilomètres du quartier
impérial, mettait le camp en rapport avec la ville de
Châlons.

Le général Berthaut, commandant des dix-huit bataillons de la garde mobile de la Seine et le général
Schmitz, chef d'état-major du 12ᵉ corps, se trouvaient
déjà au camp. Schmitz y était arrivé le 15 ; il avait été

frappé du peu de consistance et du désordre des troupes
qui s'y rassemblaient. D'un côté, les mobiles de la
Seine, amenés tout récemment de Paris, sans aucune
instruction militaire et qui pour la plupart n'étaient
pas encore armés, témoignaient d'un bruyant mécon-
tentement et ne se pliaient pas à la discipline; il n'était
point rare d'entendre parmi eux des cris séditieux, et
plus souvent encore on entendait le cri : A Paris ! De
l'autre, c'étaient les dépôts formés en régiments de
marche et les deux corps qui, après le malheureux début de la campagne, se retiraient précipitamment sur
Châlons. Le camp parut au général Schmitz comme
une sorte de plage sur laquelle échouaient les débris de
Reichshofen. Les troupes avaient l'air d'avoir subi déjà
dix-huit mois de guerre. Douloureusement surpris de
ce spectacle, il crut qu'il n'était pas prudent de maintenir dans ces plaines de la Champagne, à si courte distance de l'ennemi, l'armée en formation. Le général
Berthaut, qu'il consulta, partagea tout à fait ce sentiment. « Nous ne sommes pas armés, lui dit-il en par-
lant de ses mobiles ; nous sommes là dans des plaines
ouvertes, la cavalerie prussienne peut venir nous sa-
brer. » Sous cette impression, le général Schmitz envoya un télégramme au ministre de la guerre pour
conseiller la retraite. Sa dépêche est du 16 août.

Quelques heures après, l'empereur avec sa suite arrivait à Châlons. Le prince Napoléon vit le général
Schmitz et s'informa aussitôt du général Trochu sur
lequel il comptait pour aider à tirer la France et l'em-

pire de cette terrible crise. Il estimait ses talents militaires, ne lui en voulait pas de l'espèce de demi-disgrâce où il restait depuis quelques années, et croyait que la faveur que cette attitude de mécontent lui avait value dans le public pouvait être dans les circonstances présentes d'une grande utilité. « Et Trochu? et Trochu? » demanda-t-il tout d'abord à Schmitz. Celui-ci lui répondit que le général Trochu allait venir. En effet, il arriva dans la soirée.

Le maréchal de Mac-Mahon arriva dans la nuit. Le matin, il se rendit au pavillon impérial et y trouva le prince Napoléon causant avec le général Lebrun qui accompagnait l'empereur. Il se mêla peu à la conversation, et sa réserve habituelle le porta à ne pas se joindre à la démarche que le prince Napoléon, le général Trochu, les généraux Schmitz et Berthaut allaient faire auprès de l'empereur. Il se mêla à la délibération qui en fut la suite, mais plus tard et lorsque les décisions étaient à peu près prises. Le général Lebrun, qui n'avait pas de commandement dans l'armée, ne fut pas appelé à cette conférence.

Le conseil se tint le 17 août, vers huit heures du matin. Le général Trochu, dont Schmitz n'avait fait que devancer la pensée par son télégramme de la veille, était d'avis de quitter le camp de Châlons. Cette idée se rattachait à un plan dont il avait déjà fait donner communication à l'empereur, dans une lettre écrite au général Waubert de Genlis, le 10 août. Il voulait que toutes les troupes, y compris l'armée du Rhin, se repliassent lentement sur Paris, en n'acceptant que des combats d'arrière-garde ; l'armée, renforcée de nombreuses recrues, qui commençaient à affluer, aurait livré bataille, appuyée aux murs de la capitale rapidement mise en état de défense. L'empereur avait pensé lui-même à cette retraite dès le 7 août; il s'y était même résolu et avait donné des ordres en conséquence. L'inconvénient très-réel d'abandonner cinquante lieues de notre territoire à l'ennemi le fit revenir sur cette décision, et quand il reprit le 12 son projet du 7, il était déjà un peu tard pour l'exécuter. Cependant, en quittant l'armée du Rhin le 16 au matin, il ne doutait pas qu'elle ne le suivît ; et lorsque le 17 il tenait son conseil de guerre, il ignorait encore qu'au lieu de continuer sa route sur Verdun, le maréchal Bazaine avait reculé dans la direction de Metz.

Dès que les généraux furent entrés chez lui, Napoléon s'informa des dispositions des troupes réunies au camp. Le général Berthaut ne cacha pas que ses mobiles, sans instruction, et pour la plupart sans armes, ne devaient pas être laissés dans cette vaste plaine ouverte de Châlons, où la cavalerie prussienne pouvait les assaillir et les disperser. Il proposa de les envoyer tenir garnison dans les places fortes pour s'y former et s'y aguerrir. « Dans ce cas, répondit l'empereur, il vaut mieux les envoyer à Paris ; ce sont leurs foyers, ils auront plus d'ardeur à les défendre. » Le général Trochu était de l'avis de l'empereur, et il ne pouvait point ne pas en être, puisqu'il voulait ramener toute l'armée à Paris ; on ne pouvait pas laisser les mobiles seuls dans le camp abandonné pour y être sabrés par les escadrons prussiens. Il ne disconvenait pas d'ailleurs des dispositions hostiles de plusieurs bataillons, entre autres ceux de Montmartre et de Belleville. Aussi, pour ceux-ci, proposait-il de les envoyer en garnison à Verdun et à Maubeuge. Mais comment scinder les bataillons de la Seine sans soulever l'opinion publique alors si excitable ? Cela parut impossible. On prit donc le parti de renvoyer tous les mobiles à Paris. Comme ils étaient encore très-incomplétement organisés et armés, le général ne crut pas prudent de les exposer aux chances d'une retraite disputée, et il préféra les ramener sous Paris par les voies rapides. Cette conduite paraît fort naturelle. On a prétendu (invraisemblable invention de la haine !) qu'il les ramenait dans la capitale pour en faire les prétoriens de l'émeute. C'est par trop oublier que l'empereur devait le suivre de très-près à Paris, et lui-même être suivi de toute l'armée.

Quand la destination des mobiles fut réglée, le prince Napoléon proposa que le général Trochu, avec le titre de gouverneur de Paris, allât prendre immédiatement le commandement de toutes les forces réunies dans la capitale ; que l'empereur y revînt aussitôt après et ressaisît les rênes du gouvernement ; que Mac-Mahon, placé à la tête des troupes qui se rassemblaient à Châlons, se dirigeât à son tour sur Paris pour en interdire l'entrée aux Prussiens.

Ces mesures, sans être exemptes de dangers (et

quel parti, dans des circonstances si critiques, n'offrait pas de graves risques!), paraissent inspirées par un juste sentiment de la situation politique et militaire. Certes, quand le prince Napoléon les suggérait ou les appuyait, il ne songeait pas à renverser l'empire, auquel sa propre existence politique était indissoluble-ment liée ; mais il voyait combien la position faite à l'empereur était fausse. Ce souverain, si puissant naguère, n'exerçait plus le commandement dans son armée ; allait-il renoncer au commandement dans ses États ? Alors c'était l'abdication. Une abdication franche aurait été plus digne que l'obligation qu'on lui imposait de n'être plus rien dans l'armée et dans l'empire, tout en gardant le vain titre d'empereur. Le prince Napo-léon s'éleva avec beaucoup de vivacité contre cette dégradation, qu'il jugeait de plus fort périlleuse pour l'empire : l'empire n'osant plus avouer l'empereur, devait en venir promptement à ne plus oser s'affirmer lui-même. «Si l'empereur, dit-il, ne revient pas à Paris, il n'a plus qu'à se retirer en Belgique ; mais c'est à Paris qu'il faut rentrer, y ressaisir le pouvoir, s'en ser-vir vigoureusement pour résister à l'invasion, et si l'on doit tomber, tomber en hommes. » L'empereur, décou-ragé, incertain, était toujours de l'avis de celui qui parlait le dernier. Il déclara donc qu'il voulait, en effet, revenir à Paris pour y reprendre les rênes du gouver-nement. Trochu qui, par la faveur dont il jouissait dans l'opposition, était éminemment propre à cette mission, l'y précéderait pour annoncer et préparer son retour.

Le général, s'enflammant à l'idée de défendre la capitale de la France, et ayant de plus la satisfaction de voir adopter son plan, accepta avec empressement. Cependant, l'empereur, tout en consentant, hésitait encore : il avait des préventions contre Trochu, qu'on lui avait représenté comme orléaniste. C'est à ce moment que le maréchal de Mac-Mahon entra et intervint dans la conversation.

·L'empereur, le tirant à part, lui demanda s'il connaissait bien Trochu. «Je le connais depuis longtemps, dit le maréchal, et je le crois homme d'honneur.» C'est ainsi que le maréchal, dans sa déposition devant la commission d'enquête du 4 septembre, rapporte ses propres paroles. Peut-être même devant l'empereur fut-il plus affirmatif; à coup sûr il ne le fut pas moins, car sa réponse mit fin aux incertitudes de Napoléon, qui se déclara prêt à signer la nomination de Trochu comme gouverneur de Paris. Quant à la retraite de l'armée de Châlons sur la capitale, elle était dans les idées du maréchal, et ne rencontra que des partisans dans le conseil ; elle fut donc arrêtée en principe. Il est vrai que l'on ne pouvait pas prendre un parti tout à fait définitif avant de savoir ce qu'était devenu Bazaine, dont le 17, à neuf heures du matin, on n'avait pas encore de nouvelles. Mais la retraite de l'armée de Châlons fut certainement décidée dans cette matinée du 17, en même temps que Trochu recevait sa nomination de gouverneur, avec l'autorisation d'emmener les gardes mobiles. En effet, au sortir du conseil, à neuf heures et demie, l'empereur télégraphia au ministre de la guerre, le général Cousin de Montauban : « Je vous envoie par le commandant Duperré le résultat d'un conseil de guerre qui vous mettra au courant des mesures que j'ai adoptées. »

Nous n'avons pas la lettre dont le commandant était porteur, laquelle s'adressait à l'impératrice, mais une des dispositions qu'elle contenait, celle précisément dont il est question plus haut, nous est connue avec certitude par la réponse du ministre datée du 17 août, 10 heures 27 minutes du soir. La voici :

« L'impératrice me communique la lettre par laquelle l'empereur annonce qu'il veut ramener l'armée de Châlons sur Paris. Je supplie l'empereur de renoncer à cette idée, qui paraîtrait l'abandon de l'armée de Metz, qui ne peut faire en ce moment sa jonction à Verdun. L'armée de Châlons sera avant trois jours de 85,000 hommes, sans compter le corps de Douay, qui rejoindra dans trois jours et qui est de 18,000 hommes. Ne peut-on pas faire une puissante diversion sur les corps prussiens déjà épuisés par plusieurs combats? L'impératrice partage mon opinion. »

Ainsi la résolution de l'empereur de revenir de sa personne à Paris et d'y appeler l'armée de Châlons n'est pas douteuse, et il est également certain qu'elle causa à l'impératrice et au ministre de la guerre, quand ils en furent informés par Duperré, dans l'après-midi du 17, une surprise désagréable. Il leur sembla que c'était une complication nouvelle qui survenait au milieu de circonstances déjà très-alarmantes. Comme les considérations politiques eurent une influence décisive sur la direction donnée à l'armée de Châlons, il est utile de rappeler brièvement dans quelle situation se trouvait alors le Gouvernement.

L'empire venait de se précipiter dans les hasards de la guerre au milieu d'une crise intérieure très-délicate, qui exigeait de grands ménagements. Lorsqu'il s'était fondé en 1852, il avait donné satisfaction à une assez grande masse d'intérêts, mais il avait aussi choqué plusieurs groupes d'opinions très-considérables, dont le temps ne changea point les sentiments. Ni les légitimistes, ni les orléanistes n'avaient renoncé à croire que le principe monarchique, pour avoir toute son efficacité, ne pouvait pas se séparer de la maison royale de France. Pour eux, Louis-Napoléon était un usurpateur et un aventurier; pour les républicains, il était un traître qui avait, en violation de son serment et de ses devoirs, détruit la république, dont la défense lui était confiée. Les socialistes ne le haïssaient pas moins, quoiqu'il se fût toujours préoccupé du bien-être des ouvriers.

Cet ensemble de haines, comprimé pendant neuf ans, commença à se faire jour en 1861, lorsque quelque liberté fut rendue à la tribune et aux journaux; il déborda en 1868, après la loi sur la presse et sur les réunions. Les progrès de l'opposition à outrance, irréconciliable, étaient effrayants; ils devaient rendre très-difficile la transformation de l'empire en gouvernement parlementaire qu'on essaya à la fin de 1869;

cependant cette tentative ne commença pas sous de
trop mauvais auspices, et peut-être eût-elle réussi
sans le plébiscite qui divisa et affaiblit le parti libéral,
sans la guerre surtout qui, en tout état de cause, devait
exposer des institutions récentes et non encore conso-
lidées à une secousse très-dangereuse.

Un bruyant enthousiasme sembla d'abord accueillir
cette guerre déclarée si brusquement, avec une impétuosité si irréfléchie. Mais le sérieux manquait à cette
exaltation. La nation était trop riche, trop habituée aux
douceurs de la paix, pour se retrouver guerrière du jour
au lendemain, et si elle croyait l'être elle se trompait.
Chez beaucoup sans doute l'instinct belliqueux inné
dans la race gauloise se réveilla, mais il n'avait pas eu
le temps de se changer en mâle résolution, lorsque des
désastres irréparables le mirent à une terrible épreuve.
Les campagnes détestaient la guerre. Dans les villes,
les classes que le service militaire atteignait le moins
virent dans les futures batailles une abondante matière
à émotions ; dans les classes inférieures, la déclaration
de guerre parut surtout un prétexte de licence impu-
nie, le droit de promener des drapeaux dans les rues,
de hurler la *Marseillaise* aux oreilles des sergents de
ville, de faire enfin tout ce qui jusque-là avait été défendu. Parmi les ouvriers, ceux qui portaient plus de
réflexion dans leur antipathie contre l'empire se pro-
mettaient qu'il disparaîtrait dans le désordre d'une défaite ou même d'une victoire. Ce n'est pas que le
patriotisme leur manquât, mais les haines politiques,

poussées à un certain degré d'exaspération, pervertissent et dénaturent les meilleurs sentiments.

Au moment le plus aigu de cette surexcitation fébrile, arriva, le 7 août, la nouvelle des deux batailles perdues à Reichshofen et à Forbach. L'effet en fut terrible, accablant. Les impressions éprouvées en ce jour de deuil retombèrent sur le prince qui avait déclaré la guerre, sur les ministres qui l'avaient conseillée, sur les chambres qui l'avait votée. L'imagination, toujours prompte à s'emporter en France, se représenta aussitôt les derniers dangers de l'invasion. On vit les provinces dévastées et Paris assiégé. Toutes les haines contre l'empire éclatèrent; elles ne trouvèrent rien dans l'opinion ni dans les pouvoirs publics pour les réprimer, car elles semblaient le cri du patriotisme au désespoir. Dans ces conjonctures, il paraissait également périlleux de convoquer le Corps législatif et de ne pas le convoquer. On se décida à le réunir immédiatement. L'impératrice régente était pleine de courage; son cœur n'était pas au-dessous d'une situation si périlleuse, mais elle n'avait point l'habitude du gouvernement, et elle manquait pour la guider de conseillers en qui elle eût confiance.

Le Corps législatif se rassembla le 9 août. Aussitôt le cabinet du 2 janvier tomba sous les rancunes de la droite, du centre gauche et de la gauche. Dès l'avant-veille il avait essayé de se fortifier en s'adjoignant le général Trochu, mais celui-ci déclina le portefeuille de la guerre. M. Ollivier songea alors au général Cousin

de Montauban qui commandait à Lyon et le fit venir à
Paris ; avant son arrivée, le cabinet du 2 janvier n'existait plus ; le général reçut, avec le portefeuille de la
guerre, la présidence d'un ministère recruté presque
uniquement parmi les adhérents les plus dévoués de
l'empire.

Le général Cousin de Montauban, âgé de soixante-
quatorze ans, mais portant allègrement son âge, bien
qu'il en sentît le poids plus qu'il ne le croyait lui-
même, n'avait pas d'antécédents politiques ; il passait
pour un militaire très-capable, dont l'empire n'avait
pas su apprécier et récompenser tout le mérite. C'était
l'avis de M. Thiers, lequel s'exprimait non moins fa-
vorablement sur le maréchal Bazaine. Son opinion bien
connue ne fut point étrangère à la faveur que le Gouvernement et le public marquèrent en ce moment à
ces deux généraux. Cependant le public plaçait à côté
d'eux, sinon au-dessus, le général Trochu, officier intelligent, raisonneur, éloquent, renommé pour l'éclat de
ses services, estimé pour l'intégrité de sa vie et la dignité
de son caractère. Dans sa jeunesse, il avait été attaché
pendant plusieurs années, comme aide-de-camp, au
dernier grand homme de guerre que la France ait pos-
sédé, au maréchal Bugeaud, et dans ces inappréciables
relations, autant que dans ses propres études, il avait
puisé des idées très-justes sur l'organisation des armées et la conduite de la guerre. Après une brillante et
rapide carrière, il restait depuis huit ou neuf ans dans
une sorte de disgrâce, qu'avait aggravée la publication

d'un livre où il examinait sévèrement nos institutions militaires. Mais ce même livre le rendit populaire. On s'étonna qu'il n'eût point de commandement au début de la guerre, et lorsqu'il reçut le commandement du 12ᵉ corps, on s'étonna encore de le voir dans un poste secondaire.

Ces divers changements, effectués à la suite des désastres du 6 août, rendirent quelque espérance à la nation, sans donner beaucoup plus de force au Gouvernement. L'impératrice sentait le sol miné sous ses pas et, quoiqu'elle fît une vaillante contenance, elle ne pouvait pas toujours dissimuler ses appréhensions. Elle s'inquiétait surtout de n'avoir pas près d'elle un homme de confiance ; elle eût désiré à Paris le maréchal Canrobert, que Trochu aurait remplacé à la tête du 6ᵉ corps. Le 9 août, au moment où éclatait à la Chambre la crise ministérielle, elle adressait à l'empereur une dépêche significative, et qui mieux qu'un long discours peindra le désarroi du Gouvernement à la veille du changement de ministère, dont nous venons de parler ; il faut la citer. Ces brèves communications échangées par le télégraphe ont certes autant d'intérêt que les conversations que les anciens historiens supposent entre leurs personnages, et elles ont de plus le mérite d'être authentiques. Dans l'après-midi du 9 août, l'impératrice télégraphia donc à l'empereur :

« Vous ne vous rendez pas compte de la situation, il n'y a que Bazaine qui inspire confiance : la présence du maréchal Lebœuf l'ébranle aussi bien là-bas qu'ici.

Les difficultés sont immenses. M. Schneider me met le couteau sous la gorge pour un ministère presque impossible. Pour faire face à cette situation, je suis sans commandant de troupes, et l'émeute est presque dans la rue. D'Autemarre inspire confiance à la garde nationale ; si je le déplace, elle ne suivra plus son nouveau général. Canrobert m'est donc indispensable. Prenez Trochu à sa place, vous donnerez satisfaction à l'opinion publique, et vous me donnerez un homme dévoué, ce dont je manque complétement. Dans quarante-huit heures, je serai trahie par la peur des uns et par l'inertie des autres. »

La modification survenue le lendemain dans le ministère, quoiqu'elle eût amené aux affaires des hommes notoirement attachés à l'empire, n'avait rassuré qu'à demi l'impératrice. L'opinion continuait à se prononcer contre l'empereur avec une extrême vivacité; on exigeait qu'il abandonnât tout commandement; on parlait même de son abdication, que tous les impérialistes ne repoussaient pas. Au milieu de ce grand trouble politique, les adversaires de l'empire regardaient ses jours comme comptés et n'attendaient qu'une occasion pour l'achever. Des démocrates socialistes que guidait Blanqui, le doyen des conspirateurs, prirent les devants. Une ignoble et folle émeute eut lieu le 14 août sur un des boulevards extérieurs, alarmante, quoique encore plus honteuse que redoutable.

Cette misérable échauffourée jetait un jour sinistre sur l'état des esprits dans la capitale. La situation n'était

2

pas meilleure à Lyon et à Marseille. Là les radicaux réclamaient à grands cris des armes contre l'ennemi, et le Gouvernement supposait non sans raison qu'ils ne voulaient en faire usage que contre l'empire. La partie de la population de Paris non inscrite dans la garde nationale de 1852 inspirait les mêmes craintes. Le Gouvernement ne pouvait pas lui refuser ouvertement des armes devant l'ennemi en marche sur Paris, et il ne pouvait pas l'armer sans se mettre à la merci de la révolution ; il attendait suspendu à l'espoir d'une victoire.

C'est dans ces circonstances que le général Trochu, dont l'éloignement avait causé une certaine satisfaction à l'impératrice et au ministre de la guerre, revenait tout à coup annonçant l'empereur. La nouvelle seule du retour de l'empereur produisit sur l'impératrice une impression pénible. Placée à Paris, au milieu des partis agités, en présence de l'opinion publique soulevée contre les malheureux auteurs de la guerre, la régente frémissait à l'idée de voir son mari, vaincu, revenir à Paris pour y subir les outrages du peuple contre lesquels des troupes profondément atteintes dans leur discipline ne l'auraient peut-être pas protégé. Son courage était prêt à tous les dangers, sa fierté se révoltait contre l'humiliation. Sous l'impression d'un sentiment qu'on n'ose pas blâmer, tant il s'y mêlait de noblesse, elle insista pour que la retraite de Châlons sur Paris n'eût pas lieu. Le ministre de la guerre exprima le même avis. La nomination du général Trochu le blessait et l'alarmait. Son autorité allait en être diminuée ; il s'in-

quiétait aussi de l'espèce de popularité dont jouissait
le nouveau gouverneur ; il l'estimait comme militaire
et lui aurait confié une armée, mais il craignait qu'il ne
devînt dans la capitale l'instrument d'une opposition
qui achèverait d'ébranler l'empire. Nous ne savons s'il
connut cette nomination dans la journée du 17 ou seulement, par le ministre de l'intérieur, dans la nuit du 17
au 18, mais dès qu'elle lui fut annoncée, il ne cacha ni
sa répugnance ni ses appréhensions. De plus, lui aussi,
il redoutait beaucoup l'effet que produirait sur l'opinion le retour de l'armée à Paris, surtout si ce retour
coïncidait avec une défaite de Bazaine qu'il croyait
en danger. Ce maréchal jouissait alors d'une grande
faveur auprès de l'opposition. Que l'on se représente
l'affreux soulèvement qu'eût produit dans une partie
de la Chambre, et dans le pays même, la nouvelle que
l'empereur, pressé de venir défendre à Paris son trône
chancelant, avait laissé écraser l'armée du Rhin sans
la secourir ! Dans ce cas n'était-il pas à craindre que
le déchaînement de l'opinion ne paralysât la défense
et ne laissât l'empire à la merci de l'émeute, la France
à la merci des Prussiens ? Plein d'un sombre pressenti-
ment, M. Cousin de Montauban supplia l'empereur,
par une dépêche datée de 10 heures et demie du soir,
et que nous avons citée, de renoncer à la retraite sur
la capitale, qui paraîtrait l'abandon de Bazaine.

Cette dépêche était partie depuis moins de deux heures lorsque le général Trochu, accompagné de son
chef d'état-major, arriva à Paris. Il se rendit aussitôt

auprès du ministre de l'intérieur, et lui présenta une lettre de l'empereur ainsi conçue :

« Camp de Châlons, 17 août 1870.

« Mon cher général,

« Je vous nomme gouverneur de Paris et commandant en chef de toutes les forces chargées de pourvoir à la défense de la capitale. Dès mon arrivée à Paris, vous recevrez notification du décret qui vous investit de ces fonctions ; mais d'ici là, prenez sans délai toutes les dispositions nécessaires pour accomplir votre mission.

« Recevez, mon cher général, l'assurance de mes sentiments d'amitié.

« NAPOLÉON. »

S'autorisant de cette lettre et particulièrement des dernières lignes : «Prenez sans délai toutes les dispositions nécessaires pour accomplir votre mission, » le général Trochu demanda que sa nomination comme gouverneur et une proclamation aux Parisiens qu'il avait rédigée en route fussent immédiatement envoyées au *Journal officiel* pour y paraître le lendemain matin 18. Le ministre, M. Chevreau, fit observer au général qu'il ne pouvait prendre sur lui une aussi grave détermination ; mais vu l'urgence, il offrit de le conduire aux Tuileries. L'impératrice avertie, vers une heure du matin (nuit du 17 au 18 août), se leva, et une conversation fort longue s'engagea entre elle et le général. La régente,

comme nous l'avons dit, voyait avec un extrême regret
le retour de l'empereur à Paris ; elle s'en expliqua avec
une grande vivacité. « Les ennemis seuls de l'empereur,
dit-elle, ont pu lui conseiller ce retour; il ne rentrerait
pas vivant aux Tuileries. » Le général Trochu répondit
en faisant un tableau très-sombre de la situation, et représenta le retour de l'empereur comme un acte qui
pouvait écarter une révolution. Ces paroles ne réussirent
pas à convaincre l'impératrice, qui, d'après le récit du
général, répliqua assez sèchement : « Non, l'empereur
ne viendra pas à Paris, il restera à Châlons. » Le général, de son côté, ne cédait pas ; l'impératrice eut alors
l'idée de faire réveiller le vice-amiral Jurien de la Gra-
vière qui restait aux Tuileries. Le brave et loyal ami-
ral était un ami de Trochu, il était aussi fort dévoué à
l'impératrice ; il accourut, s'entremit avec effusion, demanda à la souveraine d'avoir toute confiance dans le
général, au général d'accepter l'opinion de l'impératrice
et de renoncer à un projet qu'elle regardait comme at-
tentatoire à la sûreté, à l'honneur de l'empereur et à
l'intérêt de la France. Le général Trochu, quoique tou-
ché des paroles de son ami, ne se rendait pas encore.
L'impératrice lui dit alors : « Il y a quelque chose que
vous ne connaissez pas, c'est une dépêche du maréchal
Bazaine ; il est victorieux, il a été vainqueur dans la
grande et mémorable bataille du 16 août. » L'impératrice avait en effet reçu dans la journée la nouvelle que
le maréchal Bazaine, attaqué le 16 entre Rezonville et
Vionville, avait repoussé l'ennemi ; elle s'exagérait la

portée de cet avantage, et ne prévoyait pas que l'armée
française, au lieu d'en profiter pour se dégager, allait être
enfermée sous Metz. Quoi qu'il en soit, Trochu, se rendant
à ce dernier argument, mais sans être convaincu, n'insista plus sur le retour de l'empereur, il céda. M. Chevreau courut aussitôt chez le ministre de la guerre et lui
demanda de contresigner la nomination du général Trochu comme gouverneur de Paris. Pour les motifs que
nous avons donnés plus haut, le général de Montauban
y répugnait fort; cependant il ne refusa pas sa signature.
Le décret, porté au *Journal officiel*, parut le matin
même; la proclamation parut également, mais, sur la
demande de l'impératrice, les deux premières lignes
contenant le nom de l'empereur avaient été effacées.

L'impératrice s'est plainte amèrement, depuis, que
le général Trochu eût fait connaître cet incident
en le dénaturant. « Du moment que l'empereur ne
devait pas revenir, a-t-elle dit, il était tout simple
qu'on fît disparaître la mention de son retour; la
suppression ordonnée n'avait pas d'autre but. » Le
respect que nous devons au rang élevé de l'impératrice, à son noble caractère, à ses malheurs, nous
empêchera toujours de contester une assertion de
cette princesse; nous admettons donc que le récit que le général Trochu a fait de cette mémorable
entrevue n'est pas exact à la lettre. Cependant notre vé-
racité d'historien nous oblige de faire remarquer qu'on
aurait pu maintenir le nom de l'empereur tout en effa-
çant la mention de son retour. La phrase était ainsi

conçue : « Nommé par l'empereur, que je précède de quelques heures, au poste de gouverneur de Paris. » Il suffisait de supprimer : «que je précède de quelques heures ; » si l'on a effacé le reste, c'est qu'on l'a bien voulu. Nous ne croyons pas que cette suppression, dictée d'ailleurs par des considérations très-justifiables, soit du fait du général Trochu. Elle concorde avec une déclaration que le ministre de la guerre fit le lendemain au Corps législatif. Il n'hésita pas à s'attribuer à lui-même la nomination du général.

« Depuis le peu de jours que nous sommes au pouvoir, dit-il, nous avons fait tous les efforts possibles pour mettre Paris en état de défense, non pas que nous craignions l'apparition immédiate de l'ennemi, nous n'en sommes pas là; mais il fallait coordonner ce que nous avons fait, il fallait concentrer tout ce qui se rattache à la défense de la capitale entre les mains d'un seul homme, et cet homme, il fallait qu'il fût énergique et dévoué.

« Auparavant, j'avais donné le commandement d'un corps d'armée à M. le général Trochu, dont je connais et apprécie la valeur. Cherchant, comme je vous le disais, un homme intelligent, actif, énergique, capable de réunir dans sa main tous les pouvoirs nécessaires pour effectuer l'armement de Paris, j'ai songé à M. le général Trochu, et je l'ai rappelé moi-même du camp où il pouvait être remplacé par un autre général.

« Voilà le motif qui m'a fait rappeler à Paris le général Trochu. »

Or, nous savons très-bien que le ministre de la guerre n'avait point eu la pensée de nommer le général Trochu gouverneur de Paris, que, bien loin de le rappeler dans la capitale, il avait été très-contrarié de son retour et n'avait contresigné sa nomination qu'avec beaucoup de peine. La nomination, le retour étaient du fait de l'empereur. Mais le général de Montauban aimait mieux en revendiquer l'idée et la responsabilité que de laisser croire que l'empereur commandait encore, qu'il faisait encore acte de souverain. Telles étaient alors les exigences de l'opinion publique.

Quoique les dépêches arrivées de Paris ne révélassent pas à l'empereur le profond discrédit où il était tombé, il voyait bien qu'il n'était plus le maître. Le rôle que le général Trochu avait fait briller devant ses yeux ne lui parut plus aussi praticable dès que ce général fut parti, et que lui-même incertain, il se trouva face à face avec les incertitudes du maréchal de Mac-Mahon. Il avait des velléités plutôt que des résolutions. Sa volonté, affaiblie par l'âge, par la maladie, s'affaissait sous le poids des événements; il ne persista pas dans son idée, et le lendemain, 18, il annonça qu'il se rendait à l'opinion du ministre de la guerre. Ainsi, de ce qui avait été convenu dans le conseil du 17, il n'y eut d'exécuté, outre la nomination de Mac-Mahon, indépendante des autres décisions, que l'installation de Trochu comme gouverneur de Paris et le retour des mobiles de la Seine.

CHAPITRE II

L'ARMÉE DE CHALONS
18 - 22 août

Composition de l'armée de Châlons. — Incertitudes du maréchal de Mac-
Mahon, qui hésite entre la marche au secours de Bazaine et la retraite
sous Paris. — Évacuation du camp de Châlons le 21 août, et transport du
quartier général à Courcelles, près de Reims. — Forces allemandes en
marche sur Châlons. — Visite de M. Rouher à l'empereur. — Conseil
tenu à Courcelles entre l'empereur, M. Rouher et le maréchal de Mac-
Mahon. — La retraite sous Paris est décidée. — Projets d'une lettre de
l'empereur et d'une proclamation du maréchal. — Retour de M. Rouher à
Paris et mauvais accueil fait aux résolutions qu'il annonce. — Les projets
arrêtés à Courcelles sont abandonnés sur la réception de deux dépêches de
Bazaine et sur les ordres du ministre de la guerre. — La marche vers
Montmédy définitivement résolue le 22 août.

Le maréchal de Mac-Mahon avait reçu, le 17 août,
le commandement de l'armée de Châlons. Il fut entendu en même temps qu'il serait sous les ordres du
maréchal Bazaine, nommé généralissime de toutes les
troupes qui opéraient entre la Moselle et Paris. Mac-
Mahon se hâta d'envoyer un de ses aides de camp à
son nouveau chef pour lui demander des instructions.
L'aide de camp ne put dépasser Verdun ; néanmoins,
les communications entre Metz et Châlons n'étaient
pas complétement interrompues, et le maréchal de Mac-
Mahon reçut le 19 une dépêche de Bazaine ; il mit ces

deux jours à profit pour introduire un peu d'ordre dans
son armée qui en avait grand besoin.

Les forces placées sous son commandement, dont la
plus grande partie était déjà réunie au camp, dont les
autres y arrivèrent les jours suivants, jusqu'au 21, ou
rejoignirent à Reims, s'élevaient à 140,000 hommes
environ ; elles comprenaient le 1er, le 5e, le 7e et le
12e corps.

Le 1er corps, si rudement éprouvé à Wissembourg,
à Reichshofen, et par sa longue retraite, mais que des
renforts avaient reporté à près de 40,000 hommes, était
commandé par le général Ducrot et se composait de
quatre divisions d'infanterie sous les ordres des généraux Wolff, Pellé, Lhériller, de Lartigue, et d'une division de cavalerie où l'on distinguait le 8e et le 9e cuirassiers si célèbres par leurs vaillantes charges à
Reichshofen ; leur effectif était tellement réduit que les
deux régiments furent fondus en un seul, le 8e. Le général Duhesme, et après son départ, le général Michel,
commandèrent cette cavalerie. Le 1er corps, formé surtout de troupes d'Afrique, contenait les trois régiments
de zouaves et deux régiments de turcos ; il aurait dû
être, après la garde, le plus solide de l'armée, mais il
ne s'était pas remis de ses sanglants échecs et les
marques de découragement qu'il donnait, venant de
troupes si renommées, eurent une influence fâcheuse
sur le reste de l'armée.

Le 5e corps, commandé par le général de Failly,
se trouvait en aussi mauvais état que le 1er, quoi-

qu'il eût à peine vu l'ennemi. Sa retraite précipitée de
Bitche à Châlons à travers les Vosges l'avait désor-
ganisé. Il avait, sans combattre, perdu ou laissé en
arrière une partie de son matériel, presque tous ses
bagages ; une de ses brigades avait été rejetée sur Metz ;
il ne comprenait plus que deux divisions et demie
d'infanterie sous les ordres des généraux Goze, Guyot
de Lespart et L'Abadie. Sa division de cavalerie était
commandée par le général Brahaut. Les soldats du
5ᵉ corps n'avaient aucune confiance dans leur chef,
contre lequel l'opinion publique se prononçait avec
une violence où il entrait de l'injustice. Dès le 22 août,
le ministre de la guerre résolut de le remplacer par le
général de Wimpffen, alors en Afrique.

Le 7ᵉ corps était bien commandé par le général
Douay ; mais sa première division (général Conseil-
Dumesnil) avait beaucoup souffert à Reichshofen ; les
deux autres (généraux Liebert et Dumont), transportées
précipitamment de Belfort à Reims, en passant par Paris,
se ressentaient de l'indiscipline générale dans l'armée
et qu'aggravaient les voyages par chemin de fer. Sa
cavalerie était réduite à une brigade, et son parc d'artillerie ne le rejoignit qu'à Sedan. Ce corps s'élevait à
près de 30,000 hommes.

Le 12ᵉ corps, de formation récente, était toute une armée, puisqu'il s'élevait à plus de 40,000 hommes, mais
il se composait d'éléments trop hétérogènes pour avoir
de la cohésion. On y avait versé les isolés des réserves,
les quatrièmes bataillons, puis, à titre provisoire, trois

régiments d'infanterie du 6ᵉ corps, qui n'avaient pu
arriver jusqu'à Metz, la division de cavalerie Salignac-Fénelon, les huit batteries de réserve du 6ᵉ corps,
ses parcs, etc. Ce qu'il contenait de meilleur était sa
3ᵉ division, formée des quatre régiments d'infanterie de
marine et commandée par le général de Vassoignes. Les
deux autres divisions d'infanterie étaient sous les ordres des généraux Grandchamp et Lacretelle. Le
12ᵉ corps eut pour chef, après le départ de Trochu, le
général Lebrun, qui arrivait de Metz avec l'empereur.

Deux divisions de cavalerie de réserve, les divisions
Bonnemain et Margueritte, complétaient l'armée de
Châlons. Elle avait environ 390 pièces de canon et
mitrailleuses.

Cette armée de Châlons était considérable par le
nombre, et, sans égaler comme qualité celle qui combattait en ce moment autour de Metz, elle ne manquait
ni de bravoure ni de dévouement; mais outre qu'elle
laissait beaucoup à désirer pour la cohésion et la discipline, qu'elle n'avait pas confiance dans ses chefs,
elle était mal outillée ; l'artillerie n'avait que des attelages médiocres. L'intendance improvisée, très-incom-
plète comme personnel et matériel, ne suffisait pas à
sa tâche malgré sa bonne volonté, que le public, qui
voit seulement les résultats, ne devait pas apprécier.
Il aurait fallu au moins une dizaine de jours très-bien
employés par un chef actif, vigilant, ferme, pour faire
de cette masse, composée en général de bons éléments
mais assez confuse et disloquée, une force vigoureuse,

alerte, obéissant bien à la main, et capable de porter à
l'ennemi des coups sûrs et rapides. Ces dix jours de
répit, on les aurait eus si l'on avait voulu ; on ne sut
pas se les donner, et, au lieu de rester à Châlons ou de
revenir sur Paris, on se décida à tenter une manœuvre
des plus périlleuses avec une armée à demi organisée.

Le 19 août, le maréchal de Mac-Mahon écrivait au
ministre de la guerre qu'il ferait tout pour rejoindre
Bazaine. Cet homme de cœur n'eût voulu pour rien au
monde abandonner un camarade en péril. Mais avant
de commencer son mouvement il attendait des instructions et des nouvelles de son collègue qui, après avoir
soutenu deux terribles attaques de l'armée prussienne,
le 16 et le 18, s'était replié sous les forts de Metz. Il
ne reçut le 19 qu'une dépêche de Bazaine déjà vieille
de deux jours, et qui ne lui apportait ni renseigne
ments ni ordres. «Je suis trop loin de Châlons, lui écrivait Bazaine, pour vous indiquer les opérations à exécuter, je craindrais de me tromper; par conséquent, je
vous laisse libre d'agir comme vous l'entendrez. »
C'est ainsi que le maréchal de Mac-Mahon rapporte de
mémoire cette dépêche dans sa déposition, mais on en
trouve le texte officiel dans le livre du maréchal Bazaine,
sur l'armée du Rhin ; elle y est datée de Metz, 18 août,
dix heures cinquante du matin, et l'on voit qu'elle répond
à une dépêche envoyée par Mac-Mahon, le 16, de Bar-
sur-Aube, et non de Châlons. Ces détails sont peu im-
portants, on ne les donne que pour plus d'exactitude.
Cette lettre de Bazaine, malheureusement trop peu ex-

3

plicite, ne pouvait point tirer le maréchal de ses incertitudes. Il pensa, mais vaguement, le 19, à quitter le camp de Châlons, puis il eut la velléité d'y rester, comme le prouve sa dépêche au ministre de la guerre, datée du 20 août, huit heures quarante-cinq du matin; enfin ce jour même, dans l'après-midi, n'ayant pas reçu d'autres nouvelles de Bazaine, il résolut de se transporter du camp de Châlons à Reims, où il serait un peu plus près de Paris, sans être plus loin de la basse Meuse par où l'on croyait que le maréchal Bazaine se ferait jour. Il donna aussitôt ses ordres de départ. Ce mouvement était, dans sa pensée, un premier pas vers Paris sur lequel il aurait une bonne ligne de retraite par Soissons. Du reste, quoiqu'il inclinât à venir couvrir la capitale, il ne se refusait pas, pour les raisons dites plus haut, à tenter la marche hasardeuse que lui demandait le ministre de la guerre.

Le plan de M. Cousin de Montauban consistait, à ce qu'il nous apprend lui-même, à se porter de Châlons sur Verdun, en trois colonnes, qui auraient commencé leur mouvement le 21 et l'auraient achevé le 25. La première colonne, formant la droite, et composée du 1er et du 12e corps, aurait opéré à proximité de l'ennemi; mais elle était la plus forte, puisqu'elle comptait environ 80,000 hommes, et appuyée sur la colonne du centre, formée du 7e corps, qui la suivait de près, elle pouvait tenir tête à la troisième armée prussienne; si celle-ci, par impossible, venait l'assaillir dans sa marche de flanc. Le ministre de la guerre pensait que le prince

de Prusse, s'avançant sur Châlons par la vallée de la
Marne, ne se détournerait pas à temps pour empêcher
la concentration de l'armée de Châlons sur la Meuse.
Il comptait, d'ailleurs, pour augmenter ses incertitudes,
sur le mouvement de la gauche française (5ᵉ corps),
ostensiblement dirigée au nord. Cette audacieuse marche de flanc s'accomplissait si près de l'ennemi qu'elle
ne pouvait guère lui échapper; cependant, comme il faut
toujours compter à la guerre sur les chances favorables
aussi bien que sur les chances contraires, il se pouvait que l'armée de Châlons fût concentrée à Verdun et
à Charny, prête à livrer, en nombre très-supérieur, bataille au prince royal de Saxe, avant que le prince
royal de Prusse eût eu le temps de transporter ses
troupes de la vallée de la Marne dans la vallée de la
Meuse. Mais aurait-il poussé le gros de ses forces très-
loin sur la Marne, avant de savoir ce que faisait l'armée de Châlons? C'est fort douteux.

On ne s'arrêtera pas à exposer en détail et à discu-
ter un projet qui ne fut peut-être jamais communiqué
au maréchal de Mac-Mahon, et qui, dans tous les cas,
fut promptement abandonné. Le plan qui finit par pré-
valoir était fort différent; il consistait à s'avancer en
toute hâte au nord-est, jusqu'à Montmédy, et de là à
donner la main à Bazaine qui devait s'y porter en for-
çant au nord les lignes prussiennes encore faiblement
établies autour de Metz. Ce mouvement très-allongé
exposait l'armée française à recevoir en flanc l'attaque
formidable des Prussiens, tandis qu'elle aurait encore à

les combattre en tête. Le maréchal de Mac-Mahon le jugeait fort dangereux. Il n'aurait pas voulu le hasarder avec des troupes imparfaitement organisées ou troublées par leurs défaites. M. Cousin de Montauban, tenant compte de cette répugnance très-sensée, eut l'idée d'un troisième plan. Il proposa d'envoyer le 13° corps qu'on achevait de former, et qui comptait environ 27,000 hommes, occuper la Ferté-sous-Jouarre où il attendrait l'armée du prince royal de Prusse alors en marche sur Paris. Le 13° corps serait le pivot d'un mouvement tournant de l'armée de Châlons qui tomberait sur le flanc des Prussiens, soit qu'ils prissent la route de Vitry, Champaubert et Montmirail, soit qu'ils se dirigeassent par Vassy, Montierender et Brienne. Ce projet, emprunté au souvenir de la grande campagne de 1814, ne paraît pas mal conçu ; cependant on ne s'y arrêta pas, le prince de Prusse n'ayant donné aucun indice qu'il se proposât d'opérer entre la Marne et l'Aube.

Quant au premier plan, celui auquel le général de Montauban paraît tant tenir, et qu'il développe avec tant de complaisance, nous ne savons pourquoi il fut complétement négligé. Son auteur même semble l'avoir mis à l'écart aussitôt après l'avoir conçu. Toujours est-il qu'il n'en parle pas dans sa dépêche adressée à l'empereur le 24 août, à dix heures. « Il y a deux partis à prendre, dit-il : ou dégager promptement Bazaine, dont la position est des plus critiques, en se portant en toute hâte sur Montmédy ; ou marcher contre le prince royal

de Prusse, dont l'armée est nombreuse et qui a mission
d'entrer dans Paris. » Ici le ministre de la guerre expose cet autre plan dont nous avons parlé plus haut ;
il n'est pas dit un mot du premier qui paraît avoir été
dès lors abandonné, et auquel le maréchal de Mac-Mahon ne fit pas attention, si même il en eut connaissance.

Un écrivain militaire prussien, examinant les divers
partis entre lesquels pouvait choisir le commandant de
l'armée de Châlons, fait observer qu'une marche directe sur Metz était pleine de dangers, que la marche
par Stenay et Montmédy était encore plus périlleuse s'il
est possible. Ni l'un ni l'autre de ces deux mouvements ne pouvait échapper aux Allemands, dont la
cavalerie était répandue jusqu'à la frontière de Belgique. Mais suivant ce même écrivain il y avait un mouvement qui d'abord pouvait se faire à leur insu, et
qu'ensuite ils auraient eu bien de la peine à empêcher,
c'était une marche au sud ; si l'on suppose le maréchal
de Mac-Mahon, se portant par Nogent, Troyes et Chau-
mont sur Nancy, ce mouvement aurait certainement fort
troublé la troisième armée prussienne, qui n'aurait pas
osé marcher sur Paris en ayant ainsi sur son flanc gauche
toute une armée française. Celle-ci, de plus, n'aurait
pas couru de dangers sérieux ; même battue, elle avait sa
retraite assurée sur le plateau de Langres, magnifique
position dont nos généraux n'ont tiré aucun parti dans
cette malheureuse guerre. Si les Prussiens s'étaient
obstinés à la poursuivre dans la vallée supérieure de la

Marne et de là dans les vallées de la haute Seine, leur marche prolongée au sud aurait dégagé d'autant Metz et Paris. L'écrivain prussien, qui, en cela, n'est pas seul de son opinion, regarde ce mouvement comme bien préférable à tous ceux qu'on pouvait tenter dans la direction du nord.

Peut-être, au lieu de tant s'ingénier à faire des plans, eût-il mieux valu rester simplement au camp de Châlons et s'y battre. Le prince de Prusse ne pouvant pas y arriver avant huit ou dix jours, on avait tout le temps d'y concentrer les troupes, de les y reposer et de les y refaire. On aurait de la sorte aussi bien secouru Bazaine qu'en allant courir au nord ou au sud. Il est impossible que cette idée, la plus simple, ne se soit pas présentée à l'esprit du maréchal de Mac-Mahon ; mais, pour des raisons tirées particulièrement de l'état de l'armée, il la rejeta. Il ne croyait pas, lui-même l'a dit, que dans cette vaste plaine de Châlons ses troupes pussent tenir contre les forces supérieures du prince royal de Prusse. Persistant au fond dans sa pensée de se retirer sous les murs de Paris, il abandonna le camp de Châlons le 21 août au matin, et porta son quartier général à Courcelles, faubourg de Reims, situé au nord-ouest de cette ville.

Il laissait au camp une arrière-garde qui le quitta le 22, après avoir brûlé, par ordre, le pavillon impérial et d'immenses magasins de fourrage. Cet incendie donnait à notre mouvement l'apparence d'une retraite précipitée et produisit un triste effet sur l'esprit de l'armée.

On ne s'explique pas cette hâte qui ressemble à une fuite, et cette destruction de matériel et d'approvisionnements lorsque l'ennemi était encore si loin. En effet, quand l'ordre d'évacuer le camp fut donné le soir du 20 août, les armées allemandes en marche sur Châlons en étaient à plus de 100 kilomètres. L'historien prussien Borbstaedt en fait la remarque et il ajoute : « Il est évident que les chefs de l'armée française étaient aussi peu renseignés que·possible sur tout ce qui concernait nos troupes. »

Les forces allemandes, qui en ce moment s'avançaient sur Châlons, surpassaient de beaucoup en nombre et en organisation l'armée que le maréchal de Mac-Mahon pouvait leur opposer.

C'était d'abord la troisième armée. Frédéric-Guillaume, prince royal de Prusse, la commandait. Après sa victoire de Wœrth (nom que les Allemands donnent à la bataille de Reichshofen), il avait marché avec précaution et lenteur. Le 19 août, le gros de son armée se trouvait encore à Nancy. Sa cavalerie, lancée en avant, avait atteint la Marne et s'étendait vers Châlons, mais sans pouvoir rien tenter de sérieux. Il avait sous ses ordres trois corps d'armée prussiens [1] : le Ve, général de Kirchbach ; le VIe, général de Tümpling : le XIe, général de Bose ; deux corps bavarois, Ier et IIe, généraux de Tann et Hartmann ; une division wur-

---

1. Nous désignerons toujours, comme on l'a fait dans quelques ouvrages sur la dernière guerre, les corps français par des chiffres arabes et les corps allemands par des chiffres romains.

tembergeoise, général Obernitz, et, oûtre la cavalerie
divisionnaire, deux divisions de cavalerie de réserve,
la 2ᵉ et la 4ᵉ, sous les ordres du général de Stolberg-
Wernigerode et du prince Albert de Prusse; en tout
147 bataillons, 128 escadrons et 90 batteries; c'est-à-
dire plus de 150,000 hommes, dont 20,000 cavaliers, et
525 pièces de canon.

Le 21 aoùt, le prince royal de Prusse se rendit à Pont-
à-Mousson, où le roi avait son quartier général. Là, fut
arrêté le plan de campagne. La troisième armée, qui
devenait dès lors la principale et où le roi devait se
rendre àvec M. de Bismarck et les généraux de Moltke
et de Roon, marcherait sur Paris par Châlons; pour la
couvrir dans ce mouvement, le roi avait déjà tiré de la
première armée et de la deuxième qui opéraient contre
Bazaine autour de Metz, les éléments d'une quatrième
armée qui devait marcher sur Châlons parallèlement à
l'armée du prince royal de Prusse; cette quatrième
armée, dont le prince royal de Saxe eut le commandement, et qui reçut le nom d'armée de la Meuse, comprenait la garde prussienne, prince Auguste de Wur-
temberg; le IVᵉ corps, général de Alvensleben; le
XIIᵉ corps (Saxe royale), le prince Georges de Saxe; et
quatre divisions de cavalerie (division de la garde,
division du XIIᵉ corps, 5ᵉ et 6ᵉ divisions de réserve),
soit en tout 82 bataillons, 120 escadrons, et 48 batteries; c'est-à-dire plus de 85,000 hommes, dont
10,000 cavaliers, et 270 pièces de canon.

Ainsi le maréchal de Mac-Mahon, avec 140,000 hom-

mes et moins de 400 pièces de canon, allait se jeter
contre deux armées fortes de 240,000 hommes et
pourvues de 795 pièces de canon. L'inégalité était
bien grande, surtout si l'on songe à l'état de l'armée
française comparé à celui des armées allemandes, à la
confiance que la victoire donnait à celles-ci, au trouble qu'une mauvaise fortune constante répandait dans
l'autre. Aussi, quand il quitta Châlons le 21 août, le
maréchal de Mac-Mahon pensait-il toujours à revenir
sur Paris. L'empereur, quoique fort hésitant dans son
opinion, persistait de son côté à croire que c'était le
meilleur parti à prendre.

Il arriva vers sept heures du soir, le 21 août, au
quartier-général de Courcelles, et presque aussitôt il eut
une longue conférence avec son ancien premier ministre, M. Rouher.

La visite de ce haut fonctionnaire à l'armée de
Châlons est un incident caractéristique de l'état de
trouble où se trouvait le Gouvernement français.
L'empire était comme un malade au chevet duquel se
pressent les médecins, chacun apportant son remède.
Les avis les plus contradictoires se succédaient confusément et provoquaient des résolutions qui, à peine
prises, étaient abandonnées. Le général de Montauban,
déjà en rivalité sourde avec le gouverneur de Paris,
avait de plus à compter avec le président du corps
législatif, M. Schneider, et M. Rouher, président
du sénat, tous deux admis dans les conseils de l'impératrice régente. L'empereur, à qui tout venait abou-

3.

tir, par vieille habitude, n'avait plus ni la volonté, ni
le pouvoir de commander; il ne gardait que voix con-
sultative dans les délibérations d'où dépendait le sort
de sa couronne. Nous allons voir dans la conférence
de Courcelles la répétition du conseil de Châlons.

Le samedi 20 août, M. Rouher reçut au Luxem-
bourg la visite d'un de ses collègues du sénat, M. de
Saint-Paul, en qui il avait une entière confiance. L'entretien porta naturellement sur les dangers que cou-
raient à la fois la France et l'empire. M. de Saint-
Paul représenta au président du sénat combien il
était urgent que lui, l'ancien ministre d'État, si longtemps le principal conseiller de l'empereur, eût une
entrevue avec ce prince, lui communiquât ses impressions sur la situation politique, et reçût en échange la
confidence des intentions et des projets du souverain.
M. Rouher entra avec ardeur dans cette idée ; il répondit qu'il allait partir sur l'heure pour le camp de Châlons. Il se contenta de prévenir par une lettre l'impératrice qu'il se rendait au camp et se mit en route le
soir même, accompagné de M. de Saint-Paul, sans
s'être entendu avec le président du conseil, sans même
lui avoir fait part de son dessein. Ce n'est pas ainsi
que les choses se passent dans un gouvernement régu-
lier, mais les circonstances étaient si extraordinaires
qu'elles expliquaient la démarche de M. Rouher.

Le président du sénat et M. de Saint-Paul arrivèrent
le dimanche matin au camp de Châlons, qu'ils trouvèrent en grande partie évacué; l'empereur y était

encore ; ils le virent, déjeunèrent avec lui, mais comme le maréchal de Mac-Mahon était déjà parti, ce premier entretien n'aboutit à aucune résolution ; il fut convenu seulement que l'on se retrouverait le soir à Courcelles ; M. Rouher y devança l'empereur de plusieurs heures.

Il arrivait de Paris avec l'idée arrêtée que le retour de Napoléon dans sa capitale offrait en ce moment de grands inconvénients, qu'il fallait avant de s'y résoudre tenter de relever la fortune de l'empire par quelque action militaire éclatante. Comme le ministre de la guerre, il était convaincu de la nécessité d'aller au secours du maréchal Bazaine, et c'est cette conviction qu'il s'efforçait de faire partager à l'empereur et au maréchal de Mac-Mahon qui, l'on s'en souvient, inclinaient l'un et l'autre vers un avis contraire. L'opinion dont il se faisait l'avocat officieux était d'ailleurs en grand crédit parmi les conseillers de l'impératrice ; M. Jérôme David seul la combattait. Le général Trochu y était fort opposé aussi, on le sait, mais il n'était point écouté.

La conférence où se débattit de nouveau cette question capitale remplit toute la soirée du 21 août. M. Rouher, devant l'empereur et le maréchal de Mac-Mahon, reproduisit ses arguments en faveur d'une marche au secours de Bazaine ; il les avait déjà soumis au maréchal en particulier sans réussir à le convaincre. Chose singulière ! M. Rouher invoquait à l'appui de son opinion un fait dont il aurait fallu tirer une conclusion

toute contraire. Le ministre de la guerre, sur les premières dépêches reçues à la suite de la bataille de
Gravelotte, avait craint que le maréchal Bazaine manquât de vivres et de munitions et qu'il fût hors d'état
de se défendre s'il n'était promptement secouru. Dans
ce cas il aurait fallu sans doute aller à son aide malgré tous les dangers. Mais cette supposition que justi-
fiaient jusqu'à un certain point les dépêches ou le silence de Bazaine, n'était pas fondée. Des renseignements fournis par les bureaux de la guerre établirent
qu'avec ce que le commandant en chef de l'armée du
Rhin avait emmené de Metz, il lui restait, même après
Gravelotte, 127,000 coups de canon à tirer, et 123 cartouches par homme, c'est-à-dire de quoi suffire à deux
grandes batailles ; ce n'est pas tout : quatre millions de
cartouches étaient arrivées dans la gare de Metz. Le
maréchal Bazaine ne manquait donc pas de munitions ;
quant aux vivres, il en eut pour plus de deux mois. Il
n'y avait point urgence de courir à son secours au risque de perdre la seule armée qui nous restât. Cependant, c'est sur cette situation moins défavorable de l'armée du Rhin que M. Rouher se fondait pour demander
qu'on allât le dégager. Il dut alléguer aussi des considérations politiques. A ces diverses raisons données
avec vivacité, le maréchal de Mac-Mahon opposa toute
les objections que lui suggéraient son bon sens et son
expérience. Il prévoyait un désastre, dit-il, et il tenait
à l'éviter ; il tenait à conserver à la France cette dernière armée avec laquelle on pouvait en composer une

de 200, de 300,000 hommes. La discussion fut longue,
l'empereur y garda une sorte de neutralité, mais il
penchait pour le retour à Paris. Enfin M. Rouher céda
aux arguments du maréchal; il fut réglé que Mac-
Mahon, outre le commandement de toutes les forces
réunies au camp de Châlons qu'il avait déjà, recevrait
celui de toutes les troupes qui étaient ou seraient
réunies sous les murs de Paris ou dans la capitale.
Le décret, rédigé par M. Rouher, fut immédiatement
signé.

M. Rouher rédigea ensuite une lettre de l'empereur
au maréchal de Mac-Mahon, puis une proclamation du
maréchal aux troupes placées sous ses ordres. Ni la
lettre, ni la proclamation ne reçurent alors de publi-
cité. Trouvées dans les papiers de M. Rouher, après
le 4 septembre, elles ont été publiées dans les *Papiers
et Correspondance de la Famille impériale*. On les
donne ici comme les témoignages certains d'une résolution qui, si elle avait prévalu, aurait sans doute épar-
gné à la France une grande catastrophe militaire.

Voici d'abord la lettre de Napoléon; pour celle-ci
comme pour la proclamation, nous transcrivons le texte
du projet sans tenir compte des mots raturés sur le
manuscrit, et destinés naturellement à disparaître dans
le texte imprimé. ·

« Maréchal,

« Nos communications avec le maréchal Bazaine sont
interrompues. Les circonstances deviennent difficiles

et graves. Je fais appel à votre patriotisme et à votre dévouement, et je vous confère le commandement général de l'armée de Châlons et des troupes qui se réuniront autour de la capitale et dans Paris.

« Vous aurez, maréchal, la plus grande gloire : celle de combattre et de repousser l'invasion étrangère.

« Pour moi, qu'aucune préoccupation politique ne domine autre que celle du salut de la patrie, je veux combattre et vaincre ou mourir au milieu de mes soldats. »

Cette lettre est assez insignifiante. La proclamation du maréchal de Mac-Mahon, rédigée sur ses idées, corrigée par lui, est simple, digne et ferme. Il disait à son armée :

« Soldats,

« L'Empereur me confie les fonctions de général en chef de toutes les forces militaires qui, avec l'armée de Châlons, se réuniront autour de Paris et dans la capitale. Mon désir le plus ardent était de me porter au secours du maréchal Bazaine ; mais cette entreprise était impossible. Nous ne pouvions nous rapprocher de Metz avant plusieurs jours ; d'ici à cette époque, le maréchal Bazaine aura sans doute brisé les obstacles qui l'arrêtent ; d'ailleurs, pendant notre marche directe sur Metz, Paris restait découvert, et une armée prussienne nombreuse pouvait arriver sous ses murs.

« Le système des Prussiens consiste à concentrer leurs forces et à agir par grandes masses.

« Nous devons imiter leur tactique ; je vais vous conduire sous les murs de Paris, qui forment le boulevard de la France contre l'ennemi.

« Sous peu de jours, l'armée de Châlons sera doublée. Les anciens soldats de vingt-cinq à trente-cinq ans rejoignent de toutes parts. L'ardeur nationale est immense ; toutes les forces de la patrie sont debout.

« J'accepte avec confiance le commandement que l'Empereur me confère.

« Soldats, je compte sur votre patriotisme, sur votre valeur, et j'ai la conviction qu'avec de la persévérance et du temps nous vaincrons l'ennemi et le chasserons de notre territoire. »

M. Rouher emporta, dans la nuit du 21 au 22, ces documents à Paris pour les soumettre à l'impératrice et au conseil des ministres. Ils furent encore plus mal accueillis que ne l'avaient été les résolutions du 17 août. Un conseil se tint aux Tuileries dans la matinée du 22 août. Là, après avoir entendu M. Rouher, les ministres de la régente prirent de graves décisions. Le général de Montauban les transmit, à une heure de l'après-midi, à l'empereur, dans les termes les plus impératifs qu'un ministre pût employer à l'égard de son souverain. « Le sentiment unanime du conseil, lui disait-il, était plus énergique que jamais ; les résolutions de la veille devraient être abandonnées ; on ne devrait publier ni lettre, ni décret, ni proclamation. Ne pas secourir Bazaine aurait à Paris les plus déplorables conséquences. En présence de ce désastre, il était à craindre que la capitale ne se défendît pas. » Le ministre ajoutait que Paris serait à même de se défendre contre le prince royal de Prusse. Il pensait que l'armée de Châlons, se dérobant à la troisième armée prussienne, n'aurait affaire qu'aux forces qui investissaient Metz. Il demandait une réponse par le télégraphe. L'empereur, qui voyait le peu de compte que l'on tenait de ses volontés, le maréchal de Mac-Mahon, placé sous les ordres du ministre de la guerre, n'avaient pas à résister à cette injonction. A quatre heures du même jour, Napoléon annonça au général de Montauban que l'armée partirait le lendemain pour Montmédy.

Les ordres formels du ministre de la guerre semblent enlever à l'empereur et au général en chef de l'armée de Châlons toute responsabilité dans le mouvement téméraire qui aboutit à la capitulation de Sedan. Il n'en est pas ainsi. Il se produisit, dans la matinée du 22, un incident qui modifia leurs intentions de la veille. Le maréchal Bazaine, après sa bataille du 18, avait envoyé deux dépêches : l'une du 19, l'autre du 20. Celle-ci, parvenue à Longwy, dans la nuit du 21 au 22, arriva la première à Reims, à cinq ou six heures du matin ; elle annonçait à Mac-Mahon que Bazaine suivrait, pour rejoindre l'armée de Châlons, la ligne du nord, « et qu'il le préviendrait si toutefois il pouvait entreprendre cette marche sans com-

promettre son armée. » La dépêche du 19, arrivée
à Verdun le 22 et transmise à Reims à huit heures, se
terminait par ces mots : « Je compte toujours prendre
la direction du nord et me rabattre ensuite par Montmédy sur la route de Sainte-Menehould et Châlons, si
elle n'est pas fortement occupée. Dans ce cas, je continuerai sur Sedan et même Mézières pour gagner Châlons. » Ces nouvelles changèrent les dispositions de
l'empereur ; il adressa de Courcelles, à dix heures vingt-
cinq du matin, la dépêche suivante à la régente : « Je
reçois de bonnes nouvelles de Bazaine, du 19, qui, je
l'espère, vont changer nos plans. » Le maréchal de
Mac-Mahon fut encore plus affirmatif. Sa loyauté ne
lui permettait pas d'abandonner un camarade qu'il devait croire déjà sur la route de Montmédy. En effet,
Bazaine, dans sa dépêche du 19, disait qu'il était indispensable de laisser reposer l'armée deux ou trois
jours, ce qui fixait approximativement son départ au
21 ou au 22. Il est vrai que la dépêche du 20 était
moins précise ; avec un peu d'attention on y aurait
discerné le dessein de Bazaine de ne pas quitter Metz ;
Mac-Mahon ne soupçonna pas cette arrière-pensée chez
son collègue ; il télégraphia donc au ministre de la
guerre, à dix heures quarante-cinq minutes du matin, qu'il prenait ses dispositions pour se porter sur
l'Aisne. C'est en se référant à la dépêche de l'empereur,
et sans connaître encore, à ce qu'il paraît, celle du
maréchal, que le général Cousin de Montauban donna
les instructions impérieuses citées plus haut. On voit

maintenant comment se distribue la responsabilité de
la marche au nord-est.

Le maréchal de Mac-Mahon l'a loyalement revendi-
quée pour lui seul, parce que, en effet, lorsqu'il résolut
de se diriger sur l'Aisne, il ne connaissait pas la
dépêche du ministre de la guerre, qui ne lui fut même
jamais communiquée textuellement. M. Cousin de
Montauban dit que sa dépêche et celle du maréchal
durent se croiser sur les fils télégraphiques. C'est fort
possible, bien que les heures ne concordent pas. En
tous cas, ils avaient en ce moment la même idée, et la
responsabilité de la marche sur Montmédy se partage
entre eux. Quant à l'empereur, s'il eut une idée arrêtée,
ce qui est douteux, elle n'exerça pas d'influence sur la
décision qui prévalut ; on se préoccupait médiocrement
de ses intentions ; le général de Montauban lui envoyait
des ordres et le maréchal de Mac-Mahon prit son parti
sans le consulter.

Nous avons exposé, dans ses phases successives,
cette résolution qui a été unanimement condamnée
parce que l'issue en fut extrêmement funeste. Le mouvement prescrit par le ministre de la guerre n'avait-il
donc aucune chance de succès ? Avec une armée plus
fortement organisée, mieux outillée, plus résistante à la
fatigue, plus prête aux longues marches, il en aurait
eu. En effet, Bazaine et Mac-Mahon disposaient à eux
deux d'environ 280,000 hommes. Les forces prussiennes, autour de Metz et sur la Meuse ne dépassaient
pas 260,000 hommes, dont une partie serait paralysée

par la nécessité de surveiller Metz. La question était donc de livrer bataille avant l'arrivée du prince royal de Prusse. Or, en ce moment, on avait sur lui une avance de deux ou trois jours. Il semblait que, pour ressaisir la fortune, ou tout au moins pour atténuer ses persistantes rigueurs, pour se rouvrir enfin quelque chemin vers la victoire, il suffisait que l'armée de Châlons marchât vite et que le maréchal Bazaine sortît à temps du périmètre de Metz. Le ministre de la guerre, quand il traçait son plan, comptait que ces deux conditions seraient remplies. L'eussent-elles été que le succès restait encore bien douteux ; mais elles ne le furent pas. L'armée de Châlons, après deux jours d'une marche assez rapide, n'avança plus qu'avec une lenteur extrême, et Bazaine se tint immobile sous Metz. Ainsi, une opération dont le ministre de la guerre espérait beaucoup n'aboutit qu'à un désastre. L'armée de Châlons, en quittant Reims, marchait à sa ruine. Chaque pas qu'elle faisait en avant l'attirait davantage dans l'abîme où elle allait disparaître tout entière.

CHAPITRE III

LA MARCHE VERS MONTMÉDY
23 - 28 août

—

Départ de Reims le 23. — Marche jusqu'à la Suippe. — L'armée oblique sur Rethel le 24. — Elle franchit l'Aisne le 26. — Le quartier général établi le 27 au Chesne-Populeux. — Première rencontre avec la cavalerie ennemie. — Le maréchal de Mac-Mahon veut se retirer sur Mézières. — Sa dépêche au ministre de la guerre. — Réponse du ministre avec njonction de continuer la marche vers Montmédy. — Mac-Mahon obéit. — L'empereur n'est pas consulté. — Effacement complet de ce prince. — Son caractère. — Résumé de son histoire. — Marche de la troisième et de la quatrième armée allemande sur Châlons. — Le quartier général du roi de Prusse informé le 25 du mouvement de Mac-Mahon. — Changement de front des armées allemandes qui se dirigent vers le nord.

L'armée, en se portant au nord-est de Reims, s'avançait d'abord dans des plaines monotones dont les vallées de la Suippe et de la Retourne varient seules l'uniformité, mais dès qu'elle avait franchi l'Aisne, elle entrait dans une contrée accidentée. Deux chaînes de hauteurs dont l'une borde la Meuse à l'ouest, dont l'autre borde l'Aisne à l'est, forment en mêlant leurs ramifications un entrelacement de côteaux et de vallées qui, en se prolongeant au sud, se lie aux Vosges et qui constitue au nord par ses pentes et ses contreforts la région des Ardennes, célèbre par son immense forêt qui s'étendait autrefois jusqu'à Rethel, mais qui aujourd'hui ne dépasse guère la frontière belge. Tout le pays, du reste, sans former une forêt continue, est encore fort boisé. Le nœud de cette longue chaîne de hauteurs est l'Argonne ou forêt d'Argonne, qui séparait anciennement le pays de Bar de la principauté de Sedan. La petite rivière de l'Aire, affluent de l'Aisne, la traverse du sud au nord. C'est une contrée difficile, où Dumouriez arrêta un certain temps les Prussiens en 1792. Aujourd'hui elle est loin de présenter autant d'obstacles à une armée d'invasion, parce qu'on y a pratiqué beaucoup de routes qui sont en bon état; cependant, elle se prête encore à la défensive. Le maréchal de Mac-Mahon, dans sa marche de Reims à Montmédy, devait la longer à son extrémité septentrionale de l'ouest à l'est. Le prince de Prusse venant de Revigny et de Vitry-le-François, les deux points extrêmes de la ligne que la troisième armée occupait le 25 août, devait la couper du sud au nord, en obliquant un peu à l'ouest, car son plan était de se jeter sur le flanc de l'armée française et non pas de se placer entre elle et Montmédy. Si le maréchal de Mac-Mahon ne se hâtait pas de devancer son adversaire, les deux armées se rencontreraient inévitablement entre le Chesne-Populeux et Stenay, comme on s'en assure en jetant un coup-d'œil sur la carte.

Montmédy était l'objectif commun que se marquaient les deux maréchaux français, le point où ils attireraient à leur suite les armées allemandes. Pour y arriver,

Mac-Mahon avait à parcourir 120 kilomètres. Partant le 23 au matin, et faisant cinq lieues par jour, ce qui n'est pas excessif, il pouvait y être en six jours, c'est-à-dire le 28 au soir. Le prince royal de Prusse, de Revigny à Montmédy, avait environ 110 kilomètres à franchir, et, quoique son armée fût bonne marcheuse, il ne devait pas mettre moins de cinq jours pour faire ce chemin, et comme il ne partit de Revigny que le 26, il ne pouvait être à Montmédy que le 30 au soir. L'armée de Châlons avait une avance d'au moins quarante-huit heures sur la sienne. Elle en avait moins sur la quatrième armée allemande qui, dès le 25, était répandue de Clermont à Nettancourt avec sa cavalerie jusqu'à Sainte-Menehould, mais elle en avait encore une assez forte, puisque, pour ramener le gros de son armée (garde et IVe corps) sur la Meuse, le prince de Saxe avait plus de 50 kilomètres à faire. Quant à l'armée du Rhin, comme, avant de marcher sur Montmédy, il lui fallait livrer bataille, on ne peut pas même estimer approximativement le temps qu'elle devait mettre à franchir les 90 kilomètres qui séparent Metz de cette ville. Dans tous les cas, cinq jours lui étaient nécessaires. Il eût donc fallu qu'elle partît le 25 août pour arriver à Montmédy le 29 au soir.

Le 23 août, l'armée de Châlons, marchant sous une pluie battante, dans des plaines de craie, s'avança jusqu'à la Suippe. Le soir elle était disposée ainsi : à droite, le 7e corps à Saint-Martin-l'Heureux ; au centre, le 1er corps à Saint-Hilaire-le-Petit et Betheniville ; le

5ᵉ corps à Pont-Faverger, où se trouvait aussi le grand
quartier général ; à gauche, le 12ᵉ corps à Heutrégi-
ville. La division de cavalerie Bonnemain, qui avait été
laissée à Châlons pour y détruire les approvisionnements, vint couvrir l'extrême droite de l'armée à Vau-
désincourt, sur la Suippe, tandis que la division Margueritte, lancée au delà de cette rivière, poussait
jusqu'à Monthois, pour observer les débouchés de l'Argonne. Cette première marche avait été longue (30 kilomètres), et s'était faite par un temps détestable ; aussi
remarquait-on déjà dans l'armée beaucoup de traînards.
L'infanterie de marine, surtout, peu habituée à la
marche, avait de la peine à suivre. Un témoin oculaire
dit de plus que parmi ces soldats de marine, qui devaient si vaillamment se comporter à Bazeilles, la disci-
cipline n'était pas parfaite. « Mais, ajoute-t-il, les jours
de bataille il n'y avait chez eux ni traînards ni
fuyards. »

Dès les premiers pas que l'armée fit en avant, elle
éprouva de grandes difficultés pour vivre. Les intendants des différents corps n'étaient arrivés que la veille,
et, malgré leur activité, malgré les ordres précis du général en chef, le service des subsistances donna lieu à
des plaintes de la part de tous les chefs de corps.

On s'étonne que les Français agissant sur leur territoire et communiquant par les chemins de fer avec Paris, qui contenait d'immenses ressources, aient eu tant
de peine à se procurer des vivres et des munitions,
tandis que les Allemands, qui agissaient si loin de leur

base d'opération, en pays ennemi, et qui furent amenés à renverser brusquement leur ligne d'action, n'é-
prouvèrent point les mêmes difficultés. On s'en est pris
à l'intendance. Elle ne fut pas sans reproche peut-être,
mais l'examen des faits nous amène à penser qu'on l'a
souvent accusée à tort. L'armée française est trop
habituée à compter uniquement sur les vivres amas-
sés d'avance et traînés à la suite des troupes ; elle
n'use pas assez du système des réquisitions qui a besoin, il est vrai, d'être très-rigoureusement surveillé
pour ne pas donner lieu à de grands abus ; elle se meut
par masses trop considérables, au lieu de se répandre
sur une vaste zone, où elle trouverait à vivre dans le
pays même. Cette manière défectueuse de marcher tient
à ce que notre cavalerie n'est pas façonnée au véritable
rôle que lui assigne la stratégie moderne ; elle se serre
trop auprès des grosses colonnes d'infanterie au lieu de
se porter à deux et trois marches en avant, de manière
à former un rideau mobile d'une grande profondeur
derrière lequel le reste de l'armée se meut en sécurité ;
l'infanterie n'étant pas éclairée est toujours exposée à
des surprises ; elle est obligée de se tenir rassemblée
pour pouvoir résister à l'assaut possible de l'ennemi.
Un jour de bataille, il est indispensable d'être concentré ; les jours de marche, il faut souvent se disperser
pour vivre. Les Allemands, grâce à leur cavalerie, ont
pu concilier ces deux conditions en apparence contradictoires ; la nôtre ne pouvait pas malheureusement
nous rendre les mêmes services. Héroïque sur les

4

champs de bataille, elle ne parvint ni à éclairer suffisamment l'armée, ni à la couvrir en avant, ni à protéger ses flancs et ses derrières. Une autre conséquence
très-regrettable de ce médiocre emploi de la cavalerie,
ce fut la nécessité pour les colonnes en marche d'avoir
toujours leurs bagages près d'elles, de peur qu'ils
fussent enlevés par les hardis escadrons ennemis. Il en
résulta qu'avec des bagages en nombre à peine suffi-
sant, l'armée française en fut beaucoup plus embarras-
sée que les Allemands qui en avaient une plus grande
quantité, mais qui les laissaient à longue distance de
leurs colonnes. Ils avaient l'abondance sans l'embarras,
nous avions l'encombrement et la pénurie.

Faut-il lever tous les voiles ? Oserons-nous dire
que la désorganisation et l'indiscipline de l'armée aug-
mentaient terriblement la difficulté d'assurer le service des subsistances ? Dès la première marche de
Mourmelon à Reims, des maraudeurs pillèrent des fermes isolées ; encouragés par ce coup d'essai, ils se jetèrent le lendemain sur des wagons de provisions dans
la gare de Reims et les vidèrent ; la populace se joignit à eux et reçut pour sa part, ou acquit au plus vil
prix, du sucre, du café, du pain. Cet infâme désordre
fut l'acte de quelques misérables, et on ne saurait sans
la plus criante injustice en faire rejaillir la honte sur
l'armée ; mais le fléau du maraudage et du gaspillage
s'attacha à sa suite et ne la quitta plus. Les intendants
se plaignirent de n'avoir pas de sécurité pour leurs
convois, même au milieu des troupes qui auraient dû

les protéger. Ce fut un nouvel embarras ajouté à tant d'autres.

La difficulté de nourrir son armée décida le maréchal de Mac-Mahon à se rapprocher de la ligne du chemin de fer à Rethel ; il donna ses ordres de marche en conséquence. Le 24 août, par un beau temps, toute l'armée se dirigea sur l'Aisne, mais le 5ᵉ et le 12ᵉ corps atteignirent seuls cette rivière à Rethel, après avoir fait 28 kilomètres. Le 1ᵉʳ corps s'arrêta à Juniville, le 7ᵉ à Semide ; ils n'avaient pas fait l'un et l'autre plus de 14 à 15 kilomètres.

Le mouvement oblique sur Rethel, outre le retard qui en résultait, avait l'inconvénient d'éloigner l'armée des défilés de l'Argonne par où devaient se présenter les Allemands. Le maréchal aggrava encore ce danger en ramenant la division Bonnemain de droite à gauche, et en ne laissant, pour protéger son flanc droit, le plus exposé à l'ennemi, que la division Margueritte.

Le 25, le maréchal acheva d'amener jusqu'à l'Aisne les deux corps qui, la veille, étaient restés à moitié chemin. Le 7ᵉ vint de Semide à Vouziers, le 1ᵉʳ de Juniville à Attigny. Le 5ᵉ et le 12ᵉ se reposèrent à Rethel. La journée du 25 fut donc à peu près perdue pour la marche. Ce retard était d'autant plus regrettable qu'il allait donner à l'ennemi, d'abord surpris, le temps de se reconnaître et de prendre ses mesures.

Le lendemain, 26 août, le maréchal de Mac-Mahon, loin de précipiter sa marche, ne fit faire que quelques kilomètres (7 à 8) au 1er et au 7e corps. Celui-ci franchit l'Aisne à Vouziers et s'établit à l'est de cette ville ; le 1er corps se porta également au delà de l'Aisne, à Semuy et Voncq. Le 12e corps et le 5e, quittant Rethel, vinrent, par une marche un peu plus longue, que la pluie rendit pénible, s'aligner à la hauteur des deux précédents, l'un à Tourteron, l'autre au Chesne. Toute l'armée française se trouva donc réunie le soir du 26 sur une ligne légèrement courbe de 16 à 20 kilomètres, de Vouziers au Chesne. Le maréchal, dont la cavalerie avait déjà rencontré les avant-postes allemands, ne marchait plus qu'avec une extrême précaution qui n'était pas dans son caractère.

Dans cette même journée du 26, il se produisit un événement peu important d'ailleurs, mais qui amena de nouvelles lenteurs dans une marche déjà si lente. Le passage de Grand-Pré, par où l'ennemi pouvait déboucher, n'était surveillé que par un régiment de cavalerie, le 4e hussards. Ce régiment se vit bientôt menacé par des forces considérables de cavalerie. C'était l'avant-garde de la quatrième armée qui poussait des reconnaissances au-delà de la forêt d'Argonne. Le général Douay, inquiet avec raison, dirigea sur ce point une de ses brigades avec deux batteries d'artillerie, et se porta lui-même avec le reste de son corps à Longwé, à moitié chemin à peu près de Vouziers à Grand-Pré. Le maréchal fut informé de ce mouvement vers trois heures. Il pensa que l'armée prus-

sienne venait l'attaquer par les défilés de l'Argonne,
et il se mit en mesure d'accepter la bataille. Il laissa
le 7° corps dans la position qu'il occupait, fit avancer
le 1er sur Vouziers, par Voncq et Terron, ordonna au
5° de se porter sur Briquenay et Buzancy, un peu au
nord de la ligne de Grand-Pré, et vint lui-même,
avec le 12° corps, occuper encore plus au nord Le
Chesne.

La journée du 27 août fut employée à ces divers
mouvements ; mais avant même qu'ils fussent exécutés le maréchal de Mac-Mahon apprit que les Allemands aperçus au-delà de Grand-Pré n'étaient pas en
force et qu'ils s'étaient repliés à l'approche des Français. Le 7° et le 1er corps n'avaient pas l'ordre de les
poursuivre ; ils revinrent sur leurs positions de la
veille à Vouziers et à Voncq. C'était encore une journée perdue pour la marche.

La bataille que le maréchal avait un moment entrevue entre l'Aisne et la Meuse lui échappait ; fallait-
il aller la chercher au-delà de cette rivière ? Il ne le
pensa pas. Le mouvement sur Montmédy lui paraissait de plus en plus téméraire. L'extrême lenteur qu'il
mettait à l'exécuter témoignait de sa répugnance à
s'engager davantage dans cette aventure. De plus, il
n'avait aucune nouvelle directe de Bazaine, il savait seulement, par un renseignement que lui avait transmis
M. de Montagnac, député des Ardennes, que le 25 Bazaine
n'avait pas quitté Metz, par conséquent qu'il ne pouvait
pas être encore à Montmédy. Le maréchal résolut donc

4.

de ne pas pousser plus loin et de venir à Mézières retrouver une ligne de retraite sur Paris. De cette petite
ville du Chesne-Populeux, connue dans la campagne
de 1792, et à qui la campagne de 1870 vaut une nouvelle notoriété, il adressa, le 27 août, à trois heures
vingt-cinq minutes du soir, une dépêche au général
en chef de l'armée du Rhin, où il le prévenait que
l'arrivée du prince royal de Prusse à Châlons le for-
çait d'opérer, le 29, sa retraite sur Mézières et de là
à l'ouest, s'il n'apprenait pas que le mouvement de
Bazaine fût commencé. Cette dépêche, envoyée au
commandant supérieur de Sedan, ne parvint pas à
temps au maréchal Bazaine, si même elle lui parvint;
elle montre où en étaient les résolutions de Mac-
Mahon à ce moment. Il croyait le prince royal de
Prusse à Châlons ; il se trompait; le prince de Prusse
était encore plus près de lui qu'il ne le pensait. Des
renseignements lui parvinrent dans l'après-midi qui
le confirmèrent dans son idée de retraite et le décidèrent à la précipiter. Dès cinq heures, il ordonnait au
1er corps de rétrograder sur Mézières par Sémuy et
Mazerny. Les autres corps reçurent des ordres analogues. Enfin, à huit heures trente minutes du même
jour, il adressa au ministre de la guerre une dépêche
qu'il faut citer tout entière, ainsi que les réponses du
général Cousin de Montauban. Le sort de l'armée était
dans ces missives, dont chaque ligne appartient à
l'histoire.

« Le Chesne, 27 août 1870.

« *Le maréchal de Mac-Mahon au ministre de la guerre.*

« Les 1re et 2e armées, plus de 200,000 hommes, bloquent Metz, principalement sur la rive gauche ; une force évaluée à 50,000 hommes serait établie sur la rive droite de la Meuse, pour gêner ma marche sur Metz. Des renseignements annoncent que l'armée du prince royal de Prusse se dirige aujourd'hui sur les Ardennes avec 50,000 hommes. Elle serait déjà à Ardeuil (?). Je suis au Chesne avec un peu plus de 100,000 hommes. Depuis le 19, je n'ai aucune nouvelle de Bazaine ; si je me porte à sa rencontre, je serai attaqué de front par une partie des 1re et 2e armées, qui, à la faveur des bois, peuvent dérober une force supérieure à la mienne ; en même temps attaqué par l'armée du prince royal de Prusse me coupant toute ligne de retraite. Je me rapproche demain de Mézières, d'où je continuerai ma retraite, selon les événements, vers l'ouest. »

Cette dépêche contient quelques erreurs, mais la réalité était encore pire que ne le faisaient supposer les renseignements recueillis par le maréchal, la nécessité de la retraite encore plus urgente. Cette résolution si justifiée portait un coup terrible aux espérances conçues à Paris. Le Gouvernement, déjà si ébranlé, résisterait-il à l'effet produit par une nouvelle décep-

tion? Encore une fois, des considérations politiques allaient, malheureusement pour l'armée, pour l'empire,
pour la France, décider la question militaire. Le ministre de la guerre, qui s'attachait à cette marche sur
Metz, comme à la dernière planche de salut de la dynastie, et qui y tenait aussi comme à une conception
personnelle, répondit aussitôt, par la dépêche suivante, que le maréchal reçut vers une heure du matin :

« Paris, 27 août 1870, 11 heures soir.

« Si vous abandonnez Bazaine, la révolution est dans
Paris et vous serez attaqué vous-même par toutes les
forces de l'ennemi. Contre le dehors, Paris se gardera.
Les fortifications sont terminées. Il me paraît urgent
que vous puissiez parvenir jusqu'à Bazaine. Ce n'est
pas le prince royal de Prusse qui est à Châlons, mais
un des princes frères du roi de Prusse, avec une avant-
garde et des forces considérables de cavalerie. Je vous
ai télégraphié ce matin deux renseignements qui
indiquent que le prince royal de Prusse, sentant le
danger auquel votre marche tournante expose et son
armée et l'armée qui bloque Bazaine, aurait changé de
direction et marcherait vers le nord. Vous avez au
moins trente-six heures d'avance sur lui, peut-être
quarante-huit heures. Vous n'avez devant vous qu'une
partie des forces qui bloquent Metz et qui, vous voyant
vous retirer de Châlons à Reims, s'étaient étendues
vers l'Argonne. Votre mouvement sur Reims les avait

trompées, comme le prince royal de Prusse. Ici, tout le monde a senti la nécessité de dégager Bazaine, et l'anxiété avec laquelle on vous suit est extrême. »

La *Correspondance de la famille impériale* suppose que cette dépêche fut adressée à l'empereur ; ce n'est pas probable. Elle s'adressait en réalité au commandant en chef de l'armée de Châlons, et c'est à lui qu'elle fut remise dans la nuit du 27 au 28 août. Napoléon avait encore le titre, mais il n'exerçait plus l'autorité d'un souverain. Le 19, son cousin, le prince Napoléon, était parti chargé d'une mission auprès du roi d'Italie ; le 25, le prince impérial fut envoyé à Mézières, à proximité de la frontière de Belgique. L'empereur suivait l'armée. Ses bagages, son cortége doré de généraux pouvaient encombrer les routes et exciter les railleries d'une armée peu portée au respect, mais il n'avait pas d'ordres à donner et il n'en donnait plus. Il ne pesa nullement en cette circonstance sur la résolution du maréchal, qui se décida à suivre les instructions envoyées de Paris.

Cet effacement subit d'un prince naguère si puissant parut invraisemblable. On ne voulut pas croire que celui qui la veille comptait tant dans le monde, ne comptât plus pour rien dans ses États et dans son armée. Plus tard on a dû reconnaître qu'on se trompait : l'empereur n'était plus que l'ombre d'un grand nom ; ainsi en avaient décidé les circonstances. Il ne trouvait point dans son caractère des ressources pour dominer les événements.

Napoléon III n'a pas montré sur le trône les qualités qui distinguaient le premier Bonaparte ; il n'en a eu ni l'intelligence vigoureuse et nette, ni l'incessante activité, ni l'esprit fertile en combinaisons, ni l'impérieuse volonté. Ses qualités à lui n'étaient point de celles qui commandent à la fortune. Il ne fut supérieur en rien, bien qu'il réunît un ensemble de talents moyens qui, dans les temps ordinaires, suffisent à un souverain. Son intelligence, qui est d'un homme de lettres plutôt que d'un homme d'État, paraît étendue, curieuse, susceptible d'acquisitions nombreuses et d'applications variées. Plusieurs de ses discours et de ses allocutions, comme aussi beaucoup de pages de sa *Vie de César*, attestent un écrivain. Il a une pente à la rêverie plus qu'à la réflexion, et, comme tous les esprits rêveurs, il est plus propre à prendre des partis hardis qu'à les exécuter. Il est aventureux et n'est pas énergique. Son courage tient de l'indifférence. Le danger, sans l'effrayer, ne provoque jamais chez lui de subites et lumineuses inspirations. Une chose l'a grandement soutenu : c'est sa foi dans le napoléonisme, dans l'avenir de la dynastie napoléonienne. Il croyait à l'étoile des Napoléon. L'idée fixe qu'il serait empereur le délivra des scrupules et le rendit insensible au ridicule. Lui qui devait un jour se constituer prisonnier de guerre avec 80,000 hommes, il tenta deux fois avec une poignée de complices la conquête de la France. Son apathie taciturne qui n'était pas jouée, fit douter de son intelligence, ses coups de tête de sa raison. Indifférent aux dédains et aux échecs, il avança toujours, suivant opiniâtrément son idée, porté par la gloire de son oncle, et, dans un pays où tout arrive, il arriva.

Ses défauts ne lui avaient pas nui dans l'acquisition du pouvoir suprême, mais ce n'est pas par ses défauts qu'il le garda vingt ans. Qui lui conteste toute qualité, pose à l'histoire un problème insoluble. Il semble qu'il connut bien la France et eut le secret de ce qu'elle désirait. Les guerres qu'il entreprit flattèrent la fierté de la nation ; elles le soutinrent jusqu'à ce que l'expédition du Mexique et la malheureuse guerre contre l'Allemagne le perdissent. A l'intérieur, il voulut faire une multitude de choses et les faire très-vite, comme si sa puissance n'avait pas eu plus de limites que ses idées. Il jeta l'argent sans compter, mais il le jeta très-souvent à des œuvres utiles. La dette publique s'accrut énormément sous son règne, mais le commerce et l'industrie se développèrent grandement ; l'agriculture prospéra ; la fortune du pays et le crédit public augmentèrent dans les plus vastes proportions. Il trouva bon qu'une grande liberté personnelle remplaçât la liberté politique qu'il croyait devoir restreindre. Le relâchement des mœurs ne lui déplaisait pas chez les autres ; il y voyait une excuse aux facilités qu'il s'accordait lui-même. C'était un régime tolérant que le sien. Quoique nous estimions qu'il faut plus de gravité et de sérieux aux choses qui veulent durer, nous devons convenir que les honnêtes gens eux-mêmes n'étaient que trop portés à s'accommoder de cette molle indulgence.

Ceux qui ont vécu près de l'empereur vantent sa bonté ; elle fut réelle sans doute, mais on aurait voulu qu'elle s'appuyât à des principes plus solides. Pour établir son pouvoir, il a ordonné ou laissé ordonner par ses ministres des mesures rigoureuses, mais sa puissance une fois fondée, il s'est montré facile à toutes les grâces. Il n'y a pas dans son âme de place pour la rancune et la vengeance, à moins que, ce qui serait très-méritoire, trouvant ces passions en lui, il les ait sacrifiées à ses devoirs de prince. Il avait désiré et pris le pouvoir absolu, il essaya de l'adoucir pour l'approprier aux regrets et aux aspirations de la France nouvelle. Son ambition eût été de concilier la toute-puissance napoléonienne fondée sur le consentement général du peuple avec quelque chose de la liberté parlementaire du régime de Juillet. Ce projet n'était point d'une âme vulgaire ; mais pour l'effectuer il aurait fallu apporter à l'œuvre plus d'activité et de sévère application qu'il n'était disposé à y en mettre, quoiqu'il fût capable de travail. Les coups de théâtre lui vont mieux que l'action soutenue.

Son règne, excepté vers la fin, fut brillant, tranquille et prospère au dedans ; jusqu'en 1866 il eut beaucoup d'autorité à l'étranger ; il avait avant ce temps agrandi la France de deux provinces. A côté de cette splendeur, ses adversaires signalent, comme des ombres sur un fond lumineux, le déploiement du luxe, la

corruption des mœurs, une licence générale à laquelle
l'armée participa, la vanité partout, le respect et la
discipline nulle part, le mépris de la loi religieuse et
de toute subordination, le goût des jouissances et la
frivolité s'étalant en plein jour, le sentiment du devoir
éteint, les sentiments de la famille amollis, dépravés,
une littérature sceptique, menteuse, insolente et disso-
lue. Ces traits noircis à dessein, mais plutôt exagérés
que faux, semblent caractériser une ère de déca-
dence. L'empire, en effet, malgré son incomparable
éclat matériel, fut à bien des égards une époque de dé-
cadence morale. Ceux qui en rejettent toute la faute ou
même la principale faute sur l'empereur, commettent
une injustice et disent une sottise. Il fut l'homme de
son temps, l'image fidèle de l'étrange société sortie de
soixante ans de révolutions, de coups d'État, de dicta-
tures, de liberté imprévoyante, de rêves chimériques,
de déceptions et aussi de travail et de grandes choses,
car il y a eu de tout, même de la grandeur, dans le drame
incohérent de notre histoire contemporaine. La raison
non plus n'y a pas manqué, mais elle n'y a jamais dominé longtemps. La nation qui avait fait ou laissé faire
la folie de 1848, était tellement dévoyée, égarée, jetée
hors de son orbite, qu'il était comme impossible qu'elle
ne payât pas son erreur de quelque immense dom-
mage. Elle avait quitté le certain pour se précipiter
dans les hasards de l'inconnu. Ce triste récit ne mon-
trera que trop ce qu'elle rencontra enfin dans l'aven-
tureuse carrière où elle s'était imprudemment lancée.

5

L'empereur prétendit tirer la France de son aberra-
tion ; il voulut, suivant son ambitieuse expression, remettre la pyramide sur sa base. Mais s'il eut l'honneur de concevoir une si haute idée, il ne la réalisa qu'à
demi. Avec beaucoup de qualités il manquait d'unité
dans le dessein et dans l'intention. Le nuage lui plaît ;
ses idées s'élaborent obscurément dans le brouillard
d'où il ne sort que par des coups imprévus. Les lents
calculs et les soudaines péripéties le charment également. On a dit qu'il est né conspirateur et qu'après
avoir conspiré contre tout le monde, il conspira contre
lui-même : paroles trop sévères, mais qui ont un fond
de vérité. A l'extérieur comme à l'intérieur, sa politique
n'a pas eu les allures franches. Il semble qu'il nourrissait le projet si populaire en France de reprendre la
frontière du Rhin ; on le croyait en Europe, on le croyait
surtout à Berlin. Ce projet, s'il existait chez lui, restait
très-vague ; s'il le poursuivit, ce fut d'une manière in-
certaine et intermittente. La déclaration de guerre ne
fut nullement de sa part un coup médité de longue
main. La préméditation était plutôt du côté de la Prusse.
L'Europe n'en jugea pas d'abord ainsi. L'empereur ne
trouva point d'alliés et il eut affaire à une force formidable composée d'un roi laborieux, ayant au plus haut
degré la conscience de son droit, d'un ministre habile,
audacieux, passionné, qui avait surpris le secret des
faiblesses cachées sous les pompeux dehors de l'empire,
d'un général très-instruit, très-travailleur, très-calcu-
lateur, capable de faire mouvoir avec une précision scien-

tifique les plus grosses masses qu'on ait jamais amenées sur un champ de bataille, d'une armée bien disciplinée, bien commandée, très-nombreuse et confiante en elle-même, d'un peuple enfin fort de son unité récente et fier de sa prodigieuse croissance. Quand l'empereur se trouva aux prises avec cette terrible réalité, toute sa force tomba. Il reconnut qu'il n'était pas administrateur, qu'il n'était pas général, qu'il ne pouvait rien conduire, donner l'impulsion à rien. Ce qu'il sentait, le pays le sentait plus vivement encore. Le charme était rompu. La baguette du magicien venait de se briser du premier coup contre l'armure de l'Allemagne.

L'empereur, désarmé et paralysé, ne fut plus que l'épave d'un naufrage, emportée au gré des flots. On a prétendu qu'il commandait, parce que l'idée du commandement était inséparable de sa présence à l'armée. Mais ce n'était encore qu'une apparence. Nous avons vu qu'il voulait revenir à Paris et qu'il ne le put pas, tant l'on tenait peu de compte de ses désirs. Quand s'engagea entre le maréchal de Mac-Mahon et le général de Montauban le dialogue télégraphique qui décida du sort de l'armée, l'empereur n'intervint pas.

La responsabilité des mouvements ordonnés dans la matinée du 28 août, comme celle du départ de Reims pour Montmédy, se partage entre le ministre de la guerre et le commandant en chef de l'armée de Châlons.

Le général de Montauban était si impatient de voir ses ordres suivis qu'il les confirma par une seconde dépêche ainsi conçue :

« Paris, 28 août 1870, 1 h. 30 m. soir.

« Au nom du conseil des ministres et du conseil privé, je vous demande de porter secours à Bazaine en profitant des trente heures d'avance que vous avez sur le prince royal de Prusse. Je fais porter le corps de Vinoy sur Reims. »

Le maréchal de Mac-Mahon dit que cette dépêche lui arriva une demi-heure après la précédente; elle serait donc mal datée dans la *Correspondance;* il faudrait lire une heure trente du matin. Quoi qu'il en soit, la première avait suffi pour le décider; il résolut de faire encore un pas en avant et de passer la Meuse. D'ailleurs il avait promis à Bazaine de l'attendre jusqu'au 29 et il voulait tenir sa promesse.

Le maréchal Bazaine ne dit rien de la dépêche que Mac-Mahon lui adressa le 27; il est très-probable qu'il ne la reçut pas. Quant à la dépêche essentielle, celle du 22, qui annonçait le mouvement de l'armée vers l'est, il ne la reçut, dit-il, que le 30; c'est-à-dire lorsqu'il était déjà bien tard pour agir. Mais en admettant que le maréchal ne fut pas informé à temps de la marche sur Montmédy, il aurait dû attribuer cette absence de nouvelles à l'interruption des communications. Il devait pressentir le mouvement de l'armée de Châlons et se mettre à même de le seconder, puisque aussi bien lui-même avait, dans ses deux dernières dépêches, annoncé qu'il tenterait un mouvement de ce côté. Il n'en fit rien. Après s'être retiré à l'abri des forts de Metz, le 19, il trouva facilement dans la nécessité de ravitailler ses soldats de vivres et de munitions un motif pour retarder son départ. Le 22, le ravitaillement était effectué au complet, comme l'attestent un rapport du général commandant l'artillerie et un ordre du maréchal lui-même invitant les commandants de corps à faire connaître aux troupes que « l'armée se trouvait maintenant aussi largement approvisionnée en munitions qu'au début de la guerre. » Cependant il ne partit pas. Le 25 seulement, il donna un ordre de marche pour le 26. Les troupes se concentrèrent sur la rive droite de la Moselle. De fortes averses survinrent et le mauvais temps parut au maréchal une raison suffisante pour remettre son mouvement. A l'issue de ce malheureux jour, les commandants de corps se réunirent à la ferme de Grimont, sous la présidence du maréchal, et émirent l'avis que l'armée devait rester sous Metz. On ne pèse pas ici les raisons qui les décidèrent, mais, après une telle résolution, il était bien inutile que le maréchal de Mac-Mahon s'obstinât sur la Meuse dans l'espoir d'une jonction qui ne devait pas avoir lieu, et au risque d'être complétement enveloppé lui-même. Il ne sut point qu'à Metz on avait pris le parti de l'immobilité. Le maréchal Bazaine n'essaya pas de le lui faire connaître.

Tandis que, du 25 au 28, le temps se perdait si tristement pour les Français, sur l'Aisne et sur la Mo-

selle, voyons l'usage qu'en faisaient les Prussiens.
Dans cette comparaison, nous trouverons le secret de
notre désastre final.

Les deux armées allemandes destinées à marcher sur
Châlons et de là sur Paris, avaient commencé leur
mouvement le 20; mais comme il importait qu'elles
restassent à la même hauteur, pour se prêter mutuel-
lement secours en cas d'attaque, la troisième armée, qui
avait de l'avance, se reposa le 21 et le 22. Le 23,
au moment même où l'armée française quittait Reims,
le prince royal de Saxe atteignait la Meuse un peu
au-dessus de Verdun et lançait sa cavalerie au-delà
de la rivière. Le même jour (23), la troisième armée
s'avançait de la Meuse à la Marne sur trois colonnes;
le quartier général du prince royal de Prusse s'établit à Ligny le 23 et le 24, et fut ensuite transporté
à Revigny. Dès le 24, les colonnes de la troisième
armée atteignirent d'un côté Bar-le-Duc, de l'autre
Saint-Dizier et Vitry. Le xiie corps de la quatrième armée, après avoir essayé inutilement le 24 d'enlever
Verdun, passait la Meuse et s'avançait le lendemain
jusqu'à Clermont-en-Argonne, la garde et le ive corps
dirigés plus au sud touchaient presque la colonne nord
de la troisième armée formée par les deux corps bavarois. Le prince royal de Saxe avait son quartier général à Fleury.

Le 25, la troisième armée s'avança un peu au nord
de Vitry, depuis Changy jusqu'à Revigny, sur une
ligne dessinée par la rivière de l'Ornain. La posi-

tion des deux armées allemandes, le soir du 25 août, peut être représentée par une ligne courbe de 75 kilomètres environ, allant de Vitry à Clermont, et comme les deux armées convergeaient l'une et l'autre sur Châlons, la quatrième se dirigeait au sud-ouest, la troisième au nord-ouest. Cependant, par suite de la configuration de la vallée de l'Ornain, celle-ci faisait face au nord le soir du 25, circonstance qui favorisa beaucoup la conversion vers l'Argonne qui commença le lendemain.

En effet, le mouvement du maréchal de Mac-Mahon amenait les Allemands à renverser brusquement leur ordre de marche.

Le roi de Prusse, après le conseil où avait été réglée la marche sur Châlons, quitta Pont-à-Mousson, et par Commercy, il rejoignit son fils à Ligny, à quelques lieues de Bar-le-Duc. M. de Bismarck et le général de Moltke l'accompagnaient. Il arriva à Ligny le 24, à deux heures de l'après-midi, et en repartit le même jour à quatre heures pour Bar-le-Duc. On venait de recevoir à Ligny une nouvelle qui parut fort étrange. La cavalerie prussienne, lancée à grande distance en avant du gros de l'armée, avait atteint le camp de Châlons et l'avait trouvé abandonné. On se demanda au quartier général prussien ce qu'était devenue l'armée française. Parmi les diverses suppositions qui se présentèrent, se trouvait bien celle d'une marche au nord-est, mais ce mouvement excentrique qui devait mener l'armée française entre les armées allemandes comme entre les branches d'une tenaille, parut si surprenant, que l'on n'y crut pas. Châlons resta donc l'objectif du prince royal de Prusse; seulement dans la concentration qui lui fut prescrite pour le 25 au nord-est de Vitry, on aperçoit la prévision d'un mouvement éventuel sur l'Argonne.

Le 25 août, il arriva au quartier général prussien des nouvelles qui confirmèrent et éclaircirent celles de la veille. Les Français avaient quitté Reims et se portaient au nord-est, dans le dessein de donner la main à Bazaine le long de la ligne de Mézières à Montmédy. Ainsi en jugea M. de Moltke. On a dit qu'il fut un moment inquiet et perplexe ; il paraît établi, au contraire, qu'il songea aussitôt à profiter de l'avantage que lui offrait la manœuvre hasardée de l'armée de Châlons. Il donna ses ordres avec rapidité et précision. Le prince de Saxe dut rétrograder sur la Meuse, reporter un de ses corps, le xiie, sur la rive droite, couvrir Dun et Stenay, pour y disputer le passage de la rivière aux Français ; les deux autres corps de la quatrième armée restaient sur la rive gauche, mais à proximité du xiie, de manière à le soutenir en cas de besoin. Le prince de Prusse dut remonter droit au nord, de l'Ornain sur Sainte-Menehould, Monthois et Vouziers : mouvement qui le plaçait sur le flanc et sur les derrières de l'armée française. Les deux corps bavarois qui faisaient partie de la troisième armée furent portés directement sur l'Argonne, qu'ils coupèrent au sud dans la direction de Clermont, et qu'ils longèrent ensuite à l'est en

suivant la vallée de l'Aire. Ils formèrent le pivot mobile de cette vaste conversion et établirent la liai-
son entre la quatrième armée qui bordait la Meuse et la
troisième qui s'engageait dans la vallée de l'Aisne. En
même temps, comme Mac-Mahon avait plus de deux
jours d'avance, on craignit qu'il n'attaquât l'armée de
la Meuse avant que le prince royal de Prusse fût en
état de la secourir, et l'on tira de l'armée de Metz
le IIᵉ et le IIIᵉ corps pour aller renforcer le prince
de Saxe. Ils étaient à Étain le 27 et n'avaient qu'une
marche à faire pour donner la main au XIIᵉ qui
repassa la Meuse ce même jour et bivouaqua autour de
Dun. Ces précautions presque surabondantes caracté-
risent la stratégie savante de M. de Moltke; cependant
elles n'étaient point sans avoir leur danger. Cet excès
de prudence constituait, par le fait, une imprudence
dont nous aurions pu profiter, si dans cette lamentable campagne il n'avait pas été écrit que nous ne pro-
fiterions jamais de rien.

Privée de ces deux corps, l'armée qui investissait
Metz n'était guère plus forte que l'armée de Bazaine,
et sur aucun point elle ne pouvait lui opposer plus
d'une quarantaine de mille hommes ; lui, au contraire,
pouvait jeter sur un point à son choix toute la masse
de ses troupes. La fortune lui offrait une magnifique
occasion ; il la laissa échapper. Pendant ces quatre
ou cinq jours, où les deux corps prussiens coururent
de la Moselle à la Meuse et de la Meuse à la Moselle,
le maréchal Bazaine resta dans une complète inaction.

5.

Il ne tenta un mouvement que le 31 au soir, alors que
le ıı^e et le ııı^e corps, n'étant plus qu'à quelques lieues
de l'armée d'investissement, allaient la renforcer. Rien
ne pouvait plus sauver la France. Les imprudences
mêmes de nos ennemis, loin de tourner contre eux,
leur servaient. Mac-Mahon hésitant entre l'Aisne et la
Meuse; Bazaine immobile sous Metz; le prince royal
de Saxe bordant la Meuse, et ayant à sa portée de puissants renforts préparés pour l'assister en cas de besoin; le prince royal de Prusse longeant rapidement le
revers occidental de l'Argonne dont aucun soldat français ne défendait les passages; 240,000 Allemands
pleins de confiance dans une manœuvre dont ils attendaient des résultats décisifs, décrivant un demi-
cercle à l'est, au sud et à l'ouest de 135,000 Français
harassés de marches et de contre-marches, déconcer-
tés, doutant d'eux et de leurs chefs : voilà où en
étaient les choses lorsque, le 28 au matin, l'armée de
Châlons reprit sa marche vers Montmédy. Nous allons
assister à la catastrophe.

CHAPITRE IV

LA JOURNÉE DE BEAUMONT
28-30 août

Direction donnée à l'armée française d'abord sur Stenay puis sur Mouzon. — Arrivée des deux armées allemandes au sud de la route de Vouziers à Stenay. — Combat de cavalerie à Buzancy le 27 août. — Première rencontre du 5e corps avec l'avant-garde de la quatrième armée aux environs de Buzancy le 28 août. — Les Français s'établissent à Belval et Bois-des-Dames. — Passage de la Meuse, par le 12e corps, à Mouzon, le 29 août. — Marche du 5e corps sur Stenay. — Combat de Nouart. — Retraite des Français sur Beaumont. — Jonction des deux armées allemandes. — Ordres pressants donnés par le maréchal de Mac-Mahon pour que les trois corps d'armée restés sur la rive gauche de la Meuse passent cette rivière dans la journée du 30. — Le 1er corps passe la Meuse à Remilly; sa marche sur Carignan. — L'empereur à Raucourt. — Dispositions des Allemands pour une bataille décisive. — Surprise du 5e corps à Beaumont par la quatrième armée. — Résistance des Français; leur retraite précipitée sur Mouzon. — Le 7e corps, pressé par une partie de la troisième armée, passe la Meuse à Remilly et à Sedan. — Combat devant Mouzon. — Beau dévouement du 5e cuirassiers. — Les débris du 5e corps passent la Meuse à Mouzon. — Toute l'armée française sur la rive droite de la Meuse. — Résultats de la journée de Beaumont.

Le maréchal de Mac-Mahon, en quittant Le Chesne, avait l'intention de se porter sur Stenay, d'où il n'aurait plus eu que quinze kilomètres à faire pour atteindre Montmédy. Deux routes partant de Vouziers mènent à Stenay en traversant la partie septentrionale de l'Argonne : l'une, la principale et la plus directe, située

au sud, passe par quelques bourgades dont la principale est Buzancy. Avant d'arriver à cette petite ville,
on rencontre la Croix-aux-Bois, Boult-aux-Bois,
Germont, Harricourt, Bar. Après Buzancy, situé à
peu près à moitié chemin de Vouziers à Stenay, on
trouve Nouart, Beauclair, Beaufort (à gauche et à
quelque distance de la route) et la Neuville-sur-Meuse,
qui forme comme le faubourg de Stenay, sur la rive
gauche de la Meuse. Cette route a 43 kilomètres.
L'autre route de Vouziers à Stenay décrit au nord de
la première un demi-cercle irrégulier ; elle passe par
Le Chesne, Stonne et Beaumont.

Le 27 au matin le maréchal, autant qu'on en peut
juger par l'ordre donné au 5ᵉ corps, avait eu l'intention de concentrer son armée sur la route du sud, et à
ce moment il aurait pu le faire sans peine, car jusqu'au 29 il n'y aurait rencontré que deux corps de la
quatrième armée; encore ceux-ci avaient-ils reçu
l'ordre de lui livrer le terrain, plutôt que de hasarder
la bataille avant l'arrivée de la troisième armée. Nous
aurions eu de notre côté une telle supériorité de nombre, chose rare dans cette campagne, que le prince
royal de Saxe n'eût peut-être pas repassé la Meuse
sans quelque grave accident, et qu'il eût eu bien de la
peine à nous en interdire le passage.

Le commandant en chef de l'armée française ne
persista pas dans son idée. Il prit au contraire le parti
de la retraite, mais il n'y persista pas davantage. Nous
avons raconté comment, dans l'après-midi du 27, il

avait donné à ses corps d'armée une direction vers le
nord-ouest, et comment dans la nuit les ordres du
ministre de la guerre le décidèrent à reprendre la route
de Montmédy. En conséquence, il changea encore une
fois la direction de ses colonnes et les reporta vers la
Meuse sur Stenay. Ces ordres suivis de contre-ordres
amenèrent une nouvelle perte de temps, bien fâcheuse
dans des circonstances si urgentes; ils produisirent
dans la marche des troupes des embarras qui se ma-
nifestèrent surtout par l'encombrement des convois.
Le 27 au soir, le maréchal avait donné l'ordre de
diriger sur Mézières les bagages de tous les corps;
ils se mirent en route. Survint le lendemain l'ordre de
marcher sur Stenay; on devine la confusion que produisit ce brusque changement; mais l'armée française
n'était pas au bout des contre-ordres, car le lendemain
la direction même de Stenay fut abandonnée.

Ces incertitudes étaient d'autant plus regrettables
que le péril devenait pressant; les armées allemandes,
encore séparées le 27, devaient se réunir le 29 sur la
route de Vouziers à Stenay, et nous étions au 28. C'é-
tait le dernier jour que nous donnait la fortune; les
hésitations de la veille nous l'avaient fait perdre d'a-
vance.

Les deux armées allemandes en marche sur Châlons avaient reçu, comme nous l'avons vu plus haut,
dans la nuit du 25 au 26, l'ordre de faire une conversion à droite. La quatrième armée s'était portée de Cler
mont sur Varennes, et continuant sa marche sur Bu-

zancy, s'était étendue d'un côté jusqu'à Stenay, de l'autre jusqu'à Grand-Pré. Dès le 27 au soir sa cavalerie atteignit Buzancy. Le quartier-général du roi était à Clermont. Le prince royal de Prusse lança sa cavalerie dans la direction de Vouziers, et consacra la journée du 26 à concentrer ses troupes. Les deux corps bavarois suivirent seuls le mouvement de la quatrième armée; le vᵉ corps, la division wurtembergeoise et le xıᵉ corps restèrent dans leurs campements, tandis que le vıᵉ qui était fort en arrière fut appelé à Vitry. Le prince de Prusse avait encore son quartier-général à Revigny. Dès que l'état-major se fut assuré que toute l'armée française s'était avancée au nord de l'Argonne jusqu'à la hauteur de Vouziers, les trois corps et demi dont se composait la troisième armée depuis le départ des Bavarois, se mirent à leur tour en mouvement pour venir par Sainte-Menehould et Vouziers tomber sur les derrières de l'armée française et lui fermer la retraite. Le soir du 27 ils avaient leur avant-garde près de Sainte-Menehould, mais ils étaient établis en arrière à assez longue distance les uns des autres, à Possesse, Givry et Daucourt; le lendemain ils se serrèrent davantage et vinrent à travers le champ de bataille de Valmy jusqu'à Courtemont et Ville-sur-Tourbe, à plus de vingt kilomètres de Grand-Pré et à une trentaine de Vouziers. Leur cavalerie lancée jusque dans cette ville, rapporta qu'elle avait vu toute l'armée française se dirigeant, en deux colonnes, l'une au nord-ouest, l'autre au nord-est. Ce renseignement vague, et en partie inexact, apprit du moins aux Prussiens qu'ils n'auraient pas, comme ils l'avaient cru d'abord, à livrer bataille entre Vouziers et Buzancy.

Dans cette même journée du 28, le maréchal de Mac-Mahon poussa le 12e corps du Chesne à la Besace, un peu au delà de Stonne, et à Beaumont, à moitié chemin de Stenay. Le 1er corps se porta de Voncq au Chesne, et s'y arrêta. Il n'avait fait que 9 kilomètres, mais sur une route encombrée par un entassement inexprimable d'hommes, de voitures, de chevaux. De plus, la pluie torrentielle qui ne cessa de tomber dans l'après-midi rendait les chemins détestables. Le 5e corps, dans la matinée du 27, alors que le maréchal pensait qu'il pouvait avoir à livrer bataille au débouché de Grand-Pré, avait été porté du Chesne sur Germont et Buzancy ; mais, avant d'avoir atteint sa destination, il reçut contre-ordre et revint camper à Brieulles-sur-Bar, position intermédiaire entre Le Chesne et Buzancy, pour de là suivre, le lendemain, la marche rétrograde du reste de l'armée. Dans la nuit, le projet de retraite sur Mézières ayant été abandonné, le 5e corps reçut un nouveau contre-ordre et dut recommencer son mouvement de navette. De même qu'il était allé la veille de Brieulles jusqu'aux environs de Buzancy, et des environs de Buzancy à Brieulles, il dut revenir de Brieulles à Buzancy, avec Stenay pour objectif. Il y avait, dans ces contre-marches, de quoi déconcerter un corps même plus solide que le 5e. Celui-ci reprit donc, le 28, son chemin de la veille.

En approchant de Buzancy, il s'avança avec de grandes précautions, l'ennemi occupant cette petite ville avec de la cavalerie.

La veille, en effet, une brigade de cavalerie de la quatrième armée s'était avancée sur Buzancy avec une batterie à cheval, et, après un engagement fort vif avec le 12ᵉ chasseurs, dont le colonel fut blessé et pris, avait obligé ce régiment à se replier sur une brigade de la division Brahaut, du 5ᵉ corps, laquelle brigade se replia à son tour sur l'infanterie. C'est ainsi que le général de Failly apprit l'approche de l'ennemi et l'occupation de Buzancy par la cavalerie saxonne. Les ennemis tenaient, de plus, les hauteurs voisines avec quelque infanterie et du canon. Le gros de la quatrième armée (la garde et le ivᵉ corps) était à vingt ou vingt-cinq kilomètres en arrière. D'ailleurs le prince royal de Saxe avait reçu l'ordre de ne pas s'engager avant que le prince de Prusse fût arrivé à sa hauteur. Mais le général de Failly ignorait les dispositions de l'ennemi; il ne savait pas combien de monde il avait devant lui, et il répugnait à s'engager avec le 5ᵉ corps seul contre des forces qu'il supposait plus nombreuses qu'elles ne l'étaient. Les instructions qu'il venait de recevoir du maréchal de Mac-Mahon lui prescrivaient de se rendre à Stenay le plus vite possible, sans lui enjoindre d'occuper Buzancy, et prévoyaient même le cas où il serait obligé de quitter la grande route. Le maréchal lui écrivait du Chesne, 28 août :

« Il est de la plus haute importance que nous tra-

versions la Meuse le plus tôt possible ; poussez donc
ce soir, dans la direction de Stenay, aussi loin que
vous le pourrez. Le général Douay, qui vous suit, a
été invité à suivre votre dernière colonne ; il campera
au delà de Bar. Si l'ennemi vous force à quitter mo-
mentanément la grand'route, faites-le connaître au
général Douay, pour que sa tête de colonne prenne
la même direction. Nous marchons sur Montmédy pour
délivrer le maréchal Bazaine. Attendez-vous à rencon-
trer demain une vive résistance pour enlever Stenay.
Faites interroger tous les gens qui viennent de ce côté,
pour savoir si l'ennemi n'a pas fait sauter les ponts.
Dans le cas où il les aurait fait sauter, faites-le moi
connaître. Je pars pour Stonne. »

Une autre lettre donnait avis au général de Failly qu'au
besoin le général Douay serait placé sous ses ordres,
et l'engageait à se mettre en communication avec lui.
C'est ce qu'il fit ; après avoir disposé ses troupes entre
Harricourt et Bar, sur un plateau peu élevé, parallèle à la vallée qui fait face à Buzancy, il envoya un
de ses officiers chercher des nouvelles du général
Douay. La réponse qu'il reçut lui apprit qu'à cause de
l'éloignement du 7e corps, il n'avait pas de secours
immédiat à en attendre. Alors il n'essaya pas d'attaquer les Allemands dans Buzancy, et résolut d'aller par
un chemin de traverse retrouver la route de Stenay, à
Beauclair et à Beaufort. Ses troupes restèrent plusieurs
heures en bataille, sous une grosse pluie ; puis, à trois
ou quatre heures, elles se dirigèrent au nord-est sur

la position de Bois-des-Dames, ce qui les rapprochait de Stenay sans les obliger à livrer bataille. Au lieu d'enlever Buzancy, elles le tournaient.

Leur marche ne fut pas inquiétée par l'ennemi, mais le mauvais état des chemins qu'une pluie incessante avait détrempés la rendit pénible et lente. La division Guyot de Lespart n'atteignit pas avant huit heures du soir le plateau de Bois-des-Dames; le reste du 5ᵉ corps campa dans la plaine de Belval.

Pour protéger son mouvement, le général de Failly avait laissé à Harricourt, un peu au nord de Buzancy, une brigade qui, après avoir entretenu jusqu'à la nuit, avec l'ennemi peu nombreux, une canonnade insignifiante, rejoignit le gros du 5ᵉ corps vers minuit.

Le 7ᵉ corps, comme les trois autres, avait reçu le 27 l'ordre de se diriger sur Mézières ; il paraît que le contre-ordre ne lui arriva pas à temps, car non-seulement le général Douay envoya ses bagages sur une route qui va rejoindre celle de Mézières, en passant par Le Chesne, mais il s'y engagea lui-même, et ce ne fut qu'assez avant dans la matinée qu'il revint par de mauvais chemins de traverse sur la route de Vouziers à Stenay. Il s'arrêta à Boult-aux-Bois ; il n'avait pas avancé de plus de treize kilomètres. C'est ainsi qu'il lui fut impossible de se joindre à de Failly pour une attaque sur Buzancy.

L'armée française se trouva, le soir du 28, divisée en deux lignes séparées par un espace de dix-huit à vingt kilomètres, d'un pays très-accidenté et très-difficile : la première, la plus à l'est, de Stonne et la Besace à Belval (12e et 5e corps) ; la seconde, du Chesne à Boult-aux-Bois (1er et 7e corps). Ou bien, si l'on considère la position des Français par rapport à la route de Vouziers à Stenay, et non plus par rapport à la Meuse, on remarque qu'ils formaient deux lignes discontinues, l'une du Chesne à la Besace, l'autre plus au sud de Boult-aux-Bois à Belval.

Les escarmouches qui avaient eu lieu le 27 et le 28 entre les avant-gardes du 5e corps et celles de la quatrième armée, ne laissaient plus de doute au maréchal de Mac-Mahon sur l'approche imminente des Allemands. Dans l'après-midi du 28, il apprit par un messager, qu'ils avaient à Stenay ou aux environs 15,000 hommes. C'était assez exact ; les Allemands n'avaient à Stenay qu'une division du xiie corps, l'autre était à Dun, un peu plus au sud. Toutes deux quittèrent même leurs positions le lendemain pour passer sur la rive gauche. On dit de plus au maréchal que l'ennemi avait fait sauter le pont de Stenay, et comme lui-même n'avait pas d'équipage de pont, il résolut de reporter son armée plus au nord, de manière à passer la Meuse à Mouzon et au-dessous de cette ville. Il évitait ainsi, pour le lendemain ou le surlendemain, une rencontre générale avec l'armée ennemie, mais il laissait le 7e et le 5e corps exposés à recevoir seuls l'attaque des Prussiens. Du reste, ceux-ci n'étaient pas encore réunis, et les deux corps français pouvaient ou repousser leurs avant-gardes ou échapper au gros de leurs forces par une marche rapide.

Par suite des dispositions, en partie modifiées, du maréchal, le 1er corps dut se porter, le 29, du Chesne à Raucourt ; le 12e, de la Besace à Mouzon ; le 7e, de Boult-aux-Bois à la Besace ; le 5e aurait dû recevoir en même temps l'ordre de se rendre de Belval à Beaumont, mais il ne le reçut qu'assez tard, le lendemain, à cause de l'accident arrivé à l'officier d'état-major porteur de l'ordre, qui fut fait prisonnier par les Prussiens. Ceux qui aiment à relever les petites circonstances ont remarqué que cet officier s'appelait Grouchy, nom illustre, mais de mauvais augure. Il est certain que si l'ordre était arrivé à temps, le général de Failly aurait évité le combat de Nouart et la défaite de Beaumont.

Le 12e corps, couvert par les trois autres et à longue distance de l'ennemi, opéra son mouvement sans aucune difficulté ; il franchit la Meuse à Mouzon le 29, vers midi, et prit de bonnes positions sur la rive droite. La cavalerie du général Margueritte passa également la Meuse et observa la route de Stenay. Le 1er corps, en quittant le Chesne, y laissa la division de Lartigue pour se protéger contre la cavalerie ennemie, qui fouillait déjà les environs ; puis il s'avança sur Raucourt, aussi vite que le permettait l'encombrement des chemins ; il y arriva à la nuit. La division de Lartigue échangea quelques coups de fusil avec les cavaliers prussiens. Le bruit de cette escarmouche suffit pour produire une panique parmi les conducteurs de bagages du 12e corps. Deux escadrons de hussards prussiens, enhardis par le trouble que leur présence causait dans l'arrière-garde française, descendirent de leurs chevaux, escaladèrent les hauteurs sur lesquelles est situé le village de Voncq et s'en emparèrent; ils y firent prisonniers quelques turcos. Ce mince incident, que les dépêches prussiennes ne dédaignèrent pas de mentionner, ne mériterait pas d'être rappelé, s'il n'était un indice du mouvement tournant par lequel l'armée allemande cherchait à nous envelopper. La division de Lartigue, retardée par la pointe audacieuse des cavaliers ennemis, n'atteignit Raucourt que fort avant dans la nuit.

Le 7ᵉ corps, dans sa marche, eut affaire, lui aussi, à des éclaireurs allemands; il perdit du temps à les repousser, et au lieu d'aller jusqu'à la Besace, comme il en avait reçu l'ordre, il s'arrêta à Oches. Ce retard l'exposa, le lendemain, à des événements fâcheux.

La marche du 5ᵉ corps fut encore plus difficile. Dans sa position de Belval, il était très-rapproché de l'armée du prince de Saxe, qui s'étendait de Stenay à Buzancy, pour donner la main aux deux corps bavarois, et qui avait déjà tout un corps, le XIIᵉ, aux environs de Nouart. Le général de Failly, n'ayant pas encore reçu l'ordre de revenir au nord, à Beaumont, et informé, de plus, que Stenay était libre, résolut de se porter sur cette ville, en rejoignant la grande route à Beauclair et près de Beaufort. Il partit, en deux colonnes, vers dix heures; mais à peine avait-il quitté sa position qu'il fut accueilli par une vive canonnade dirigée des hauteurs de Nouart; en même temps, de nombreux tirailleurs se montrèrent sur sa gauche, dans les bois situés

au nord de ce village. Le général de Failly venait de se
heurter contre le front de la quatrième armée allemande.
De grand matin le prince royal de Saxe avait rappelé le
XII⁰ corps sur la rive gauche, et maintenant ayant toutes ses forces sous la main, il marchait avec la garde
et le XII⁰ corps sur Nouart et Buzancy; le IV⁰ corps était
laissé en réserve à peu de distance. Le 5⁰ corps, quoique cette attaque fût pour lui une surprise, fit bonne
contenance. Son artillerie s'établit sur les pentes escar-
pées de Bois-des-Dames et tint en respect l'infanterie
saxonne, qui n'était pas très-pressante. Le combat d'artillerie, sans grand effet de part et d'autre, se prolongea
jusque vers cinq heures, en s'affaiblissant de plus en
plus. La quatrième armée attendait pour s'engager à
fond d'être rejointe par les deux corps bavarois, et le
général de Failly venait de recevoir du maréchal l'ordre de se replier sur Beaumont, pour venir de là passer
la Meuse à Mouzon. Dans ce combat de Nouart, qui
dura plusieurs heures, les Allemands accusent une
perte de 34 morts et 333 blessés; les pertes des Français furent peut-être encore moindres, mais nous n'en
connaissons pas le chiffre exact.

En conséquence de l'ordre qu'il avait reçu, le général de Failly fit rétrograder par la route de Sommauthe
et par un chemin forestier sa cavalerie, son artillerie
de réserve et trois de ses brigades. Une brigade de la
1ʳᵉ division et l'unique brigade de la 2⁰ restèrent en position jusqu'à neuf heures pour couvrir ce mouvement.
Elles prirent alors à leur tour le chemin de Beaumont,

où elles arrivèrent au point du jour, après une marche de nuit des plus fatigantes.

Ainsi le matin du 30 août, trois corps sur quatre de l'armée française étaient encore sur la rive gauche de la Meuse, et deux de ces corps, le 7ᵉ et le 5ᵉ, se trouvaient presque à portée du canon de l'ennemi ; c'est sur eux qu'allaient affluer comme un torrent les masses qui, depuis la veille, s'amoncelaient sur la droite de l'armée française.

Le 29, en effet, les deux armées allemandes avaient fait leur jonction en venant s'aligner sur la route qui va de Vouziers à Stenay par Buzancy. La jonction s'opéra par les deux corps bavarois qui arrivèrent ce soir-là au nord-est de Grand-Pré et donnèrent la main à la quatrième armée aux environs de Buzancy. En même temps le reste de la troisième armée arrivait à l'ouest de Grand-Pré. Ainsi, à la fin de la journée du 29, les armées allemandes étaient disposées sur la route de Stenay à Vouziers, mais, à partir de Buzancy, cette ligne se brisait et obliquait au sud-ouest : d'abord le XIIᵉ corps à Nouart, le IVᵉ à Remonville, la garde à Buzancy ; le Iᵉʳ et le IIᵉ corps bavarois derrière le IVᵉ corps et la garde, à sept ou huit kilomètres ; le Vᵉ corps et les Wurtembergeois à Grand-Pré, le XIᵉ corps à Monthois. Le VIᵉ était en réserve à Varennes pour se porter suivant l'occurrence sur Dun ou sur Grand-Pré. On remarqué que la troisième armée, qui devait d'abord suivre le revers occidental de l'Argonne jusqu'à la Meuse, se contentait maintenant de placer trois divisions de cavalerie et un corps (le xıᵉ) dans la vallée de l'Aisne, par Vouziers et Voncq jusqu'au Chesne, afin de couper la retraite à l'armée française ; le vᵉ corps venait appuyer par le passage de Grand-Pré le gros des forces allemandes entre l'Argonne et la Meuse. Ce mouvement se faisait dans l'intention de livrer bataille le lendemain. Le prince de Saxe avait son quartier général à Barricourt, le roi à Grand-Pré, le prince royal de Prusse à Senuc. C'étaient six corps et trois divisions de cavalerie, 160,000 hommes environ, qui menaçaient le 7ᵉ et le 5ᵉ corps français. Il est vrai que ces deux corps avaient de l'avance sur l'ennemi, et qu'en hâtant le pas, ils pouvaient l'éviter ce jour-là et arriver intacts au-delà de la Meuse.

Le maréchal sentait bien le danger où le moindre retard mettrait les généraux Douay et de Failly. Le matin du 30, dès qu'il fit jour, il courut à Beaumont et trouva le chef du 5ᵉ corps sans aucune inquiétude, mais aussi sans aucun renseignement sur les forces de l'ennemi ; il ne savait pas s'il avait devant lui 10,000 hommes ou 60,000. Les Prussiens se mouvaient derrière un rideau de cavalerie très-épais, que notre cavalerie ne put jamais percer, de sorte que nous étions dans une ignorance complète sur leurs mouvements. Douay, quoique plus vigilant, n'était pas mieux renseigné que son collègue. Le maréchal pressa le général de Failly de gagner au plus vite Mouzon, qui n'est qu'à huit kilomètres de Beaumont et qui offre d'excellentes positions défensives. Il le quitta vers six heures et demie, sans avoir pu malheureusement lui inspirer l'idée ni d'accélérer sa marche ni de se tenir sur ses gardes.

De là il se rendit auprès de Douay, un peu plus en arrière, et pour lequel il était plus inquiet; il lui renouvela l'ordre d'avoir, coûte que coûte, à passer la Meuse dans la journée.

Le maréchal avait donné aux trois corps les directions suivantes, avec Carignan pour objectif: le 1er devait passer la Meuse à Remilly, le 7e, un peu plus au sud, à Villers, le 5e, plus au sud encore, à Mouzon.

Le 1er corps, qui n'avait pas d'ennemi à proximité, atteignit la Meuse, par son avant-garde, à sept heures du matin, et la franchit à Remilly. Le passage fut lent et difficile parce qu'on n'avait pas d'équipage de pont. On y suppléa au moyen d'un ponton et d'une passerelle que le génie établit avec quelques bateaux. Rien d'ailleurs ne contraria ce mouvement, qui se fit par un très-beau temps. Un des officiers du 1er corps, le commandant Corbin, l'a décrit dans une page animée et intéressante, que nous voulons citer. A cette heure encore on pouvait espérer, et, sous ce brillant soleil, l'armée se remettait à avoir confiance en elle-même. Ce ne fut qu'un moment, saisissons-le dans le tableau ému du commandant Corbin:

« Pendânt que ces travaux s'exécutaient, dit-il, et que quelques bataillons étaient passés à la hâte pour occuper la rive droite, les divisions d'infanterie, arrivant successivement, étaient massées sur les hauteurs qui dominent Remilly, et au pied desquelles coule la

Meuse. Un soleil resplendissant avait succédé aux pluies désespérantes des jours précédents; de ces hauteurs la vue s'étendait sur les vastes prairies qui bordent la rive droite de la Meuse, et que couvraient en ce moment d'innombrables troupeaux. Vis-à-vis de nous, les blanches maisons du beau village de Bazeilles émergeaient comme d'une corbeille de verdure, et dans le lointain, plus à gauche, la pointe effilée du clocher de Sedan se profilait à travers la brume sur les hauteurs boisées qui limitaient au nord ce riant horizon. La vue de cette belle nature, qui jouissait alors d'un calme profond, avait ramené la sérénité dans les esprits et rendu à nos soldats, dont le moral se remonte encore plus vite qu'il ne s'abat, une sorte de confiance. Plusieurs régiments débouchèrent dans Remilly, lançant dans l'air leurs joyeuses fanfares restées muettes depuis si longtemps. Deux jours de marche à peine nous séparaient de Montmédy, cet objectif tant désiré, et là peut-être enfin trouverait-on la victoire ! Vaines espérances qui ne devaient point se réaliser ! Dans quelques heures, le canon de Beaumont allait cruellement réduire à néant ces beaux rêves et raviver ces inquiétudes un moment oubliées. »

L'empereur suivait le 1er corps. Il avait établi le 29 son quartier-général dans la petite ville de Raucourt. Il y était resté toute l'après-midi de cette journée, enfermé dans sa chambre au rez-de-chaussée de la maison où il logeait. « De temps en temps, dit un témoin oculaire, il écartait le rideau de la fenêtre et ap-

puyait son front à la vitre, mais sans regarder dans la
rue. Il était pâle, l'œil éteint, la moustache et les che-
veux très-blancs. » Il partit le lendemain entre dix et
onze heures, se dirigeant sur Mouzon et Carignan. Rien
de plus morne que ce départ, à la suite de soldats en
désordre, criant qu'on les menait à la boucherie. Le
témoin que nous citions tout-à-l'heure, M. Monod (*Souvenirs de campagne*, p. 22), raconte cette triste scène.
« Deux ou trois paysans, dit-il, hasardèrent timide-
ment un vive l'empereur! aussitôt réprimé par les
énergiques et grossiers jurons des soldats. Napoléon III
traversa lentement la foule qui encombrait la place; il
saluait à droite et à gauche; pas un salut, pas un cri
ne lui répondit. »

Comme à Gravelotte, il s'éloignait, sans le savoir, du
champ de bataille. Presque à la même heure, le roi
Guillaume se rendait sur les hauteurs de Sommauthe,
à quelques kilomètres de Beaumont, où devait porter
le fort de l'attaque des Allemands.

Les deux armées en étaient venues à se toucher. Une
rencontre générale, pour le 30, paraissait certaine. Les
Prussiens s'y attendaient. Des reconnaissances, faites
avec soin la veille, leur avaient indiqué avec assez
d'exactitude les positions des Français. Ils n'ignoraient
pas non plus leur nombre, qu'ils estimaient à 120,000
hommes. Ils comptaient leur en opposer 240,000. Tels
sont les chiffres qu'un officier prussien donnait au correspondant du *Times*, plusieurs heures avant la bataille.
Les Prussiens ne devaient mettre en ligne, ce jour-là,

qu'une partie de cette force énorme, mais ils ne trouvèrent aussi devant eux qu'une partie, et la plus faible,
de l'armée française. Ils pensaient que le maréchal
de Mac-Mahon profiterait, pour accepter la bataille, de
quelques bonnes positions qui défendent la rive gauche. Mais le général français avait sagement résolu
de ne pas combattre avec la Meuse à dos, et,
bien loin de vouloir ramener le 12ᵉ corps sur la rive
gauche, il ne songeait, comme nous l'avons dit, qu'à
appeler au plus vite les trois autres corps sur la rive
droite.

Les Allemands prirent leurs dispositions avec autant
de soin que s'ils avaient dû combattre toute l'armée française. La quatrième armée reçut l'ordre d'enlever Beaumont ; le ivᵉ corps, qui n'avait encore été engagé dans
aucune action sérieuse, marcherait le premier à gauche, le xiiᵉ s'avancerait à droite dans la même direction, la garde suivrait en réserve. A gauche du ivᵉ corps,
et à quelque distance, le iᵉʳ corps bavarois prendrait la
route de Buzancy à la Besace par Sommauthe ; le
iiᵉ corps bavarois suivrait immédiatement mais en
obliquant à gauche sur Oches ; le vᵉ corps aurait également Oches pour objectif, mais il s'étendrait jusqu'à
Stonne pour être plus près de toute la partie de la troisième armée, qui se portait sur le Chesne dans l'intention de couper la retraite aux Français, s'ils essayaient
de rétrograder par la route qu'ils avaient suivie pour
gagner la Meuse. Les troupes destinées à cette opération
étaient la division wurtembergeoise, le xiᵉ corps et

deux divisions de cavalerie. Le vi⁰ corps, appelé de Varennes à Vouziers, leur servait de réserve.

Tout était prêt du côté des Allemands pour une bataille décisive. Ils commencèrent leur mouvement de
bon matin ; eu égard aux distances, la première rencontre devait avoir lieu à Oches.

Le général Douay, sentant la nécessité de se hâter, se
mit en marche dès six heures du matin, mais son convoi
et ses bagages se mouvaient avec tant de lenteur sur
des chemins difficiles, que le défilé, à Oches, durait encore à neuf heures. Une brigade de la division Conseil-
Dumesnil escortait le convoi. Le 7⁰ corps s'avançait sur
Stonne à travers une succession monotone de vallées et
de côteaux qui caractérise cette région et qui, si elle est
gênante pour la marche, est favorable pour la défense.
Les Prussiens arrivèrent vers neuf heures au sud de
Oches et jetèrent des obus sur les Français en retraite.
Cette canonnade à longue portée, à laquelle le général
Douay répondit à peine, pour ne pas retarder sa marche,
nous causa peu de mal. Entre midi et une heure, le
7⁰ corps, moins la brigade qui escortait le convoi, atteignit Stonne. Les Allemands le suivaient, mais sans des-
siner encore une attaque à fond.

En ce moment, on entendit dans la direction de Beaumont, qui est à dix kilomètres à l'est, un bruit de canon
annonçant une affaire sérieuse. Il était évident que le
5⁰ corps se trouvait aux prises avec l'ennemi. Le général Douay eut d'abord l'idée d'aller au secours de son
collègue. Des raisons d'un grand poids l'en empêchè-

rent. Il avait reçu l'ordre de passer ce jour-là la Meuse,
coûte que coûte ; pour s'y conformer, il n'avait plus une
minute à perdre. La route de Stonne à Beaumont est
difficile et présente au sortir de Stonne un défilé étroit,
long à franchir et qu'il faudrait garder contre un ennemi
très-rapproché. Dans ces conditions, le 7ᵉ corps mettrait au moins deux heures pour arriver sur le lieu du
combat ; il était une heure ; or, à trois heures, la lutte serait terminée à Beaumont. Une autre considération encore
retint le général Douay. Si le général de Failly avait besoin de secours, il était plus naturel qu'il en reçût de
Mouzon, où se trouvait le maréchal, que de Stonne où
le 7ᵉ corps ne faisait que passer pour continuer sa marche sur Villers. Le général Douay persista donc à suivre la route de Stonne à Raucourt. La brigade Bittard
des Portes, établie dans la forte position de Stonne, pro-
tégea la retraite et l'écoulement des bagages. Quoique
l'ennemi devînt plus entreprenant, à mesure qu'il aug-
mentait en nombre, le général Douay, profitant des accidents de terrain et des bois qui bordent la route des
deux côtés, réussit à le contenir. Mais un événement
des plus graves venait de se produire à Beaumont, qui
allait à la fois hâter sa marche et en modifier la direction.

Les cinq brigades du 5ᵉ corps étaient arrivées successivement à Beaumont dans la nuit du 29 et le 30 de
grand matin ; elles étaient harassées de fatigue par deux
jours de combat et deux marches de nuit. Une autre circonstance ajoutait à leur épuisement physique. En quit-

tant le Chesne le matin du 27, elles y avaient laissé leur convoi qui ne les rejoignit qu'à Beaumont, le 30, vers neuf heures. Les troupes, dans les trois journées précédentes, avaient donc été très-mal nourries. Il semblait bien naturel de leur distribuer les vivres qui leur manquaient et de leur accorder un repos dont elles avaient le plus grand besoin. Pourtant la nécessité d'atteindre Mouzon au plus vite était si impérieusement indiquée que tout devait céder à cette considération. Après les cinq ou six heures de repos absolument indispensables, c'est-à-dire vers dix ou onze heures, il aurait fallu décamper. Malheureusement le général ne se rendit pas compte du danger qu'entraînait une halte prolongée à Beaumont, et fixa le départ à une heure de l'après-midi. Cette faute s'aggrava d'une inexplicable absence de précautions. Le général de Failly, arrivé à Beaumont vers une heure du matin, n'avait pas pu se rendre compte de la configuration du terrain. Il ne songea pas à s'établir sur les collines boisées des Gloriettes qui, à l'est du village, s'étendent jusqu'à la Meuse au-dessus de Letanne, position excellente qui commande le vallon dans lequel les Allemands devaient forcément déboucher en sortant de la forêt de Beaumont ou du Dieulet.

Les troupes, à mesure qu'elles arrivaient, se groupaient confusément autour de Beaumont ; quoiqu'elles fussent à proximité de l'ennemi, elles ne se gardèrent pas contre une attaque pourtant bien probable. Tous les témoignages français et prussiens s'accordent sur ce

point. Aucune précaution ne fut prise. Il semblait que
l'on fût à cent lieues de l'ennemi, suivant l'expression
du général de Wimpffen. Beaucoup de soldats avaient
démonté leurs fusils pour les nettoyer ; d'autres faisaient la soupe, d'autres étaient dispersés dans la ville.
Le général de Wimpffen qui, comme successeur du
général de Failly dans le commandement du 5ᵉ corps,
put recueillir ces détails de première main, ajoute :
« L'appel devait être fait à midi dans les régiments. Les
rangs étaient ouverts par compagnies, et l'on ne s'attendait à rien. On commandait le service, les officiers
inspectaient leurs hommes comme en pleine paix, à la
caserne. Les généraux, le général en chef achevaient
paisiblement leur déjeuner. Quelques bataillons rom-
paient les rangs, lorsque tout à coup un obus arrive
en plein dans le camp, on ne sait d'où. »

La surprise fut complète. Cependant les avis n'avaient
pas manqué au général français. La nombreuse armée
ennemie ne pouvait pas se glisser inaperçue dans un
pays peuplé, semé de fermes d'où le paysan fuyait à
son approche. Dès onze heures et demie on savait à
Beaumont que des Allemands avaient paru à la Tuilerie,
à deux kilomètres du bourg. Cette nouvelle ne troubla
pas le déjeuner de l'état-major français.

Le prince royal de Saxe s'était mis en mouvement
vers dix heures. Il s'avançait sous le couvert des bois
dans quatre étroits chemins forestiers, défoncés par la
pluie et par le passage des Français. Son artillerie s'y
mouvait avec de grandes difficultés, et quelques batail-

lons auraient suffi pour le retarder longtemps; mais il ne rencontra personne, pas un poste, pas une reconnaissance. Il arriva ainsi au débouché des bois sur les hauteurs qui bordent le vallon entre la forêt et Beaumont. Une partie du 5ᵉ corps était groupée dans cette vallée, et dominée par ces hauteurs où l'on remarque la ferme de la Tuilerie, l'hospice de la Maison-Blanche et le hameau de Petite-Forêt. C'est là, entre l'hospice et le hameau, à une demi-portée de fusil (à 400 mètres) des campements français qu'une batterie allemande d'avant-garde vint tranquillement s'installer. Elle fut bientôt suivie de quatre autres. A douze cents mètres de là, sur la droite, à la Belle-Tour, cinq autres batteries s'établirent peu après. Derrière cette ligne de feux, se pressait l'infanterie débouchant par tous les défilés de la forêt, et s'étendant des environs de Létanne jusque vers la Thibaudine, sur la route de Stonne à Mouzon, où arrivaient les Bavarois.

La première batterie allemande commença le feu à midi et demi en lançant sur les campements français cet obus qui y causa une si pénible surprise.

«Il faut, dit un témoin attristé de cette scène à jamais douloureuse [1], renoncer à décrire l'effet produit par le premier coup de canon, le court silence, puis l'immense clameur qui le suivit, et le désordre, et le pêle-mêle effroyable de cris, de chevaux, d'attelages de

1. *L'Armée de Mac-Mahon et la Bataille de Beaumont*, par **M.** Defourny, curé de Beaumont, p. 98.

toutes sortes, qui s'agitaient, se croisaient, se heur-
taient, se confondaient sur la grande place, cherchant
à se frayer un passage, soit par la rue de la porte de
Mouzon, soit vers Létanne.

« Ajoutez la détresse de toute une population, hommes, femmes, enfants, vieillards même, qui cherchent
leur salut dans la fuite sans savoir où se diriger. Il y
en eut qui coururent au milieu des soldats sur le chemin de Mouzon, d'autres à travers champs. Le plus
grand nombre s'enfuit du côté de Létanne. Ceux-là se
trouvèrent mêlés à une foule de soldats, qui, surpris
dans le bourg ou sur le chemin même, s'enfuyaient au
premier coup de canon, un bon nombre avec leurs
armes. »

Heureusement cette panique n'atteignit que de mauvais soldats et d'indignes officiers en petit nombre ;
la masse du 5e corps fit son devoir, dans des circonstances qui rendaient sa résistance très-méritoire.
L'obus tiré à midi et demi avait été le signal d'un feu
violent auquel l'artillerie française était hors d'état de
répondre. Aucune pièce de canon n'était attelée, aucune
même n'était en position dans la division Goze. « Canons et fourgons, dit le narrateur cité plus haut, étaient
comme ensevelis dans un pli de terrain. » Malgré ce désavantage, la deuxième brigade (Nicolas) de la division
Goze, la plus rapprochée de l'ennemi, fait face à ces
bois d'où jaillit la mort ; ses deux régiments, le 61e et
le 86e de ligne, dirigent un feu meurtrier sur les premiers Allemands qui dépassent la lisière de la forêt et

les obligent à rentrer dans les bois. La première brigade (Saurin) composée du 11ᵉ et du 46ᵉ de ligne, les
deux bataillons de chasseurs à pied (4ᵉ et 19ᵉ), deux
régiments de la division Guyot de Lespart, le 17ᵉ et le
68ᵉ, également campés au sud de Beaumont, se joignent
à la deuxième brigade. Ces troupes allaient tout au
plus à 9 ou 10,000 hommes, et elles étaient assaillies par 35,000 hommes et battues par une formidable artillerie à laquelle deux canons français répondirent seuls dans cette première partie de l'action ;
cependant elles tinrent ferme à 400 ou 500 mètres des batteries allemandes, et grâce à la supériorité de leurs fusils, elles firent éprouver à l'ennemi
plus de pertes qu'elles n'en essuyèrent elles-mêmes.
Plusieurs fois elles l'obligèrent à reculer. Cette mémorable résistance, où le colonel de Behagle, du 11ᵉ, fut
mortellement blessé, où le colonel Berthe, du 86ᵉ, et le
lieutenant-colonel Paillier, du 68ᵉ, furent grièvement
atteints, où tombèrent, en glorieuse et trop nombreuse
hécatombe, beaucoup de braves officiers et de braves
soldats, dura plus d'une heure.

Sous les coups redoublés de l'artillerie allemande, les
Français commencent à fléchir ; ils se retirent sur les
hauteurs des Gloriettes qu'ils redescendent dans la direction de Mouzon, les Allemands les suivent et placent
sur les Gloriettes une batterie qui précipite leur retraite.
La gauche française est forcée et en grand danger
d'être tournée par Villemontry, village situé tout près
de la Meuse, entre Létanne et Mouzon. Le danger n'est

pas moindre à droite, où les Français sont menacés
de plus par les Bavarois, qui ont coupé, à la Thibaudine, la route de Stonne à Beaumont, et qui échangent
des coups de canon avec une batterie française établie
à la Harnoterie. Le général de Failly n'essaye pas de
défendre plus longtemps le terrain au nord de Beaumont. Couvert par son artillerie, qui inflige des pertes
sensibles aux ennemis et retarde leur marche, il replie
sa droite par la route de Mouzon, tandis que sa gauche
s'écoule par la route et des sentiers forestiers, qui,
plus rapprochés de la Meuse, mènent à la même ville.
D'autres troupes du 5ᵉ corps se jettent sur un chemin
qui, plus à l'ouest et passant par Yoncq, va rejoindre
la route de Stonne à Mouzon.

La poursuite se partage comme la retraite. Les
Saxons, filant rapidement le long de la Meuse sur Villemontry, ou contournant les bois que traverse la route
de Mouzon, tâchent de couper aux Français le chemin de
cette ville, tandis que les Bavarois, talonnant les fugitifs sur la route de Yoncq, vont pénétrer entre les deux
corps français. La nature de ce pays ne se prêtant pas
aux larges déploiements de troupes, la bataille dégé-
nère en une multitude de combats à travers bois et
ravins ; la cavalerie des Allemands prend peu de part à
l'action, mais leur artillerie, toujours rapidement et
habilement placée sur les hauteurs, hâte, par ses dé-
charges incessantes, la retraite des Français.

Les Bavarois, dans leur poursuite sur la route de
Yoncq à Mouzon, rencontrèrent la queue des bagages

du 7ᵉ corps qu'escortait une seule brigade. Les bagages eurent tout juste le temps de se rejeter sur Raucourt; la brigade, après une courte résistance, participa à la déroute du 5ᵉ corps et suivit la nouvelle ligne que prenaient les bagages. Ce fut par ses soldats fugitifs que Douay apprit le désastre de de Failly et le surcroît de danger qui le menaçait lui-même. Il se trouvait alors à proximité de Raucourt.

Arrivé dans la vallée qui précède la ville, il rangea ses troupes en bataille pour retarder la poursuite de l'ennemi, mais ses soldats, démoralisés par la vue des fuyards, ne montraient pas de bonnes dispositions et s'écoulaient vers le village; d'ailleurs il avait l'ordre de gagner la Meuse, et comme il était près de cinq heures, c'est à peine s'il lui en restait le temps. Il prit son parti avec promptitude; supposant que l'ennemi pouvait le devancer à Villers, il résolut d'obliquer à gauche et de se porter à Remilly. La masse de son corps se précipita sur la route qui y conduit, tandis que quelques compagnies, disposées en tirailleurs des deux côtés du bourg, protégeaient la retraite. Lui-même ne quitta Raucourt que lorsque tout son corps eut défilé. Deux heures après, les Bavarois du 1ᵉʳ corps envahissaient cette malheureuse petite ville et la mettaient au pillage.

Le général Douay arriva à Remilly vers sept heures du soir. L'affreux encombrement qu'il y trouva ne lui permettant pas de faire passer assez vite son corps au delà de la Meuse, il dirigea plus à gau-

che encore, sur Sedan, une de ses divisions, sa
cavalerie et son artillerie de réserve.

Le 12ᵉ corps était resté sur les hauteurs qui dominent Mouzon à l'est et que coupe la route qui va de
cette ville à Carignan. Le général Lebrun, qui le commandait, entendit vers midi et demi, dans la direction
du sud, sur la rive gauche de la Meuse, une canonnade
qui l'inquiéta. Il supposa avec raison que le général de.
Failly était attaqué à Beaumont. En l'absence du maréchal de Mac-Mahon, il prit de promptes mesures pour
secourir son collègue. Il fit repasser la Meuse au général Grandchamp avec une de ses brigades ; puis, crai-
gnant que ce renfort fût insuffisant, il y joignit l'autre
brigade (général Cambriels) et toute la cavalerie du
12ᵉ corps commandée par le général Fénelon. Le maréchal, qui survint, ne crut pas d'abord qu'un tel déploiement de forces fût nécessaire, et il ordonna même à la
brigade Cambriels de revenir sur les hauteurs. Mais
l'arrivée des premiers fuyards de Beaumont, que l'on
aperçut vers trois heures, lui fit changer d'avis en lui
révélant l'étendue du malheur qui venait de frapper
le 5ᵉ corps, Il se hâta de porter sur la rive gauche
de la Meuse non-seulement la brigade Cambriels,
mais une brigade de la division de Vassoignes. Ces
troupes se placèrent à cheval sur la route de Beaumont,
et, profitant des hauteurs qui bordent cette rive de la
Meuse à une distance de un ou deux kilomètres, elles
tinrent l'ennemi en respect et donnèrent au convoi
et aux soldats du 5ᵉ corps le temps de s'écouler sur

Mouzon. Pour faciliter la retraite, la brigade de
cavalerie Béville, 5ᵉ et 6ᵉ cuirassiers, s'avança sur
deux lignes. Le 6ᵉ, qui formait la première ligne,
se trouve bientôt exposé à un feu meurtrier et recule.
« Seul, le 5ᵉ régiment de cuirassiers persiste,
avec une constance héroïque et au prix de pertes
très-fortes, à se maintenir sous un feu effroyable
en avant de Mouzon, afin de couvrir le passage.
Mais enfin, pour éviter une destruction totale, ce
brave régiment se vit contraint à son tour de se replier
sur la Meuse ; mais là les ponts, les gués étaient tellement encombrés par l'artillerie et les bagages, que le
régiment n'eut pas d'autre parti à prendre que de se
jeter à la nage pour gagner l'autre rive : le courant était
rapide, les chevaux étaient épuisés, de sorte que cette
tentative de salut coûta encore la vie à un grand nombre
de cavaliers et de chevaux. » C'est à un historien prussien, M. Borbstaedt, que nous empruntons ce récit si
honorable pour le 5ᵉ cuirassiers qui, en quelques moments, perdit son commandant, le colonel de Con-
tenson, 9 officiers et eut plus de 100 hommes hors de
combat.

La bataille semblait près de se rallumer ; le feu continua en effet pendant plusieurs heures, mais il resta
de part et d'autre limité à quelques divisions. Le soir
venait. Les Allemands étaient fatigués des combats et
surtout des marches de cette journée ; contents des
résultats obtenus, ils ne voulurent pas engager une
nouvelle bataille à l'approche de la nuit ; ils n'essayè-

rent donc pas de jeter dans la Meuse les troupes qui ne
l'avaient pas encore franchie, et tentèrent encore moins
de forcer eux-mêmes le passage de la rivière devant la
ferme attitude du 12e corps.

Les troupes du 5e corps, en débouchant des bois sur
la plaine de Mouzon, s'y étaient réunies et avaient même
recommencé le combat, mais elles étaient hors d'état
de fournir une plus longue résistance ; après avoir
défendu quelque temps le faubourg de Mouzon, sur la
rive gauche, elles passèrent la rivière un peu après six
heures et allèrent se rallier comme elles purent sur la
route de Stenay à Sedan ; tout ce qui se trouva réuni de
ce malheureux corps d'armée à moitié détruit ou dis-
persé prit à peine quelques heures de repos. A l'entrée
de la nuit, les soldats se remirent en marche avec une
constance bien méritoire après tant de fatigues, et prirent la direction de Montmédy par la vallée de la Chiers.

Ainsi, dans la soirée et dans la nuit du 30 août, toute
l'armée française se trouva transportée sur la rive
droite de la Meuse ; mais dans quel état y arrivait-elle ?
Sans compter bien des traînards laissés sur les routes
de Courcelles au Chesne, et du Chesne à Mouzon, elle
avait eu le 28, le 29 et le 30, de 2 à 3,000 tués ou blessés,
et 10,000 prisonniers ou dispersés. Les dispersés formaient la plus grosse part dans ce triste total ; mais s'ils
n'étaient pas entièrement perdus pour la France, ils
étaient en ce moment perdus pour l'armée. La seule
journée de Beaumont lui coûta 19 canons et 8 mitrailleuses. Les Allemands firent environ 3,000 prisonniers.

L'effet produit sur l'esprit du soldat était encore pire
que la perte matérielle. Le moral de l'armée française,
déjà peu satisfaisant et qui aurait eu tant besoin d'un
succès pour se remonter, ne pouvait être que profondément atteint par ce nouveau malheur. Les Allemands
crurent qu'ils avaient battu toute l'armée de Mac-
Mahon, quoiqu'ils n'eussent eu réellement affaire qu'à
une cinquantaine de mille hommes et même à moins,
car le 5e corps, une ou deux brigades du 7e et autant
du 12e furent seuls engagés. Du côté de l'ennemi, il
y eut environ 100,000 hommes d'engagés, et ils étaient
soutenus par de fortes réserves.

Les Prussiens disent dans leurs dépêches qu'ils
éprouvèrent peu de pertes ; cependant le IVe corps
souffrit sensiblement à Beaumont. Il eut 3,300 hommes
tués ou blessés ; le XIIe corps (Saxons) en eut 100, les
Bavarois 200. Une partie au moins du 5e corps français
se battit avec un courage auquel on n'a pas rendu
justice. Les troupes du général de Failly eurent
à lutter contre trois corps d'armée, et il faut bien
qu'elles se soient défendues avec énergie, puisque
les Allemands s'imaginèrent d'abord avoir devant eux
toute l'armée de Châlons et se vantèrent de l'avoir
défaite. Elle subsistait pourtant presque entière, et,
sans un fatal concours de circonstances, elle pouvait être conservée à la France. Le soir de la journée
de Beaumont, la situation, quoique bien compromise,
n'était pas encore désespérée.

CHAPITRE V

LA RETRAITE SUR SEDAN
30-31 août.

—

Le maréchal de Mac-Mahon se décide à se retirer sur Sedan. — Effectif de
l'armée française. — Le 7e corps à Sedan. — Le 1er corps à Douzy et à
Carignan. — Sur l'ordre du maréchal, le général Ducrot presse l'empereur de partir pour Sedan. — Arrivée de Napoléon dans cette ville. —
Description de la ville et des environs de Sedan. — Danger de s'arrêter
dans cette position. — Avantage et possibilité de se porter immédiatement sur Mézières. — Retraite du 5e corps et du 12e dans la nuit du 30
au 31 août. — Le général de Wimpffen remplace le général de Failly dans
le commandement du 5e corps. — Premier combat de Bazeilles dans
l'après-midi du 31. — Arrivée du général Ducrot sur la Givonne. — Son
projet de s'établir à Illy pour se porter de là sur Mézières. — Le maréchal de Mac-Mahon lui ordonne de rester à l'est de Sedan. — Mouvements
de l'armée allemande à la suite de l'armée française dans la journée du 31.
— Conseil de guerre tenu par le roi de Prusse à Chémery, où la bataille
est décidée pour le 1er septembre. — Dispositions prises par l'état-major
allemand pour envelopper l'armée française. — Incertitude du maréchal de
Mac-Mahon ; il n'a pas de plan arrêté et ne donne pas d'instructions à ses
lieutenants pour le lendemain. — Proclamation de l'empereur à l'armée.

Après la journée de Beaumont, la situation se révélait
dans toute sa triste gravité. Le maréchal de Mac-Mahon
dut se demander quel parti il restait à prendre. Comme
on ne pouvait plus penser à marcher en avant dans la
direction de Montmédy, trois partis se présentaient. Le
premier consistait à concentrer toute l'armée à Mouzon
et à livrer bataille sur les belles positions de la rive
droite de la Meuse. Cette résolution avait l'avantage de

ne pas fatiguer les troupes qui, se trouvant déjà à Mouzon ou aux environs, n'auraient pas à exécuter de nouvelles marches ; mais l'armée, faisant face à la Meuse,
pouvait être tournée par sa gauche, c'est-à-dire vers
Stenay, peut-être par sa droite, entre Sedan et Mouzon,
et, si elle était battue, elle n'avait aucune ligne de
retraite. Le maréchal, qui d'abord songeait, dit-on, à
combattre en cet endroit, renonça bientôt à cette idée
et se résolut à la retraite.

Du moment qu'on prenait le parti de la retraite, il
aurait fallu sans doute ne pas le prendre à demi. Il
semble qu'on n'avait rien de mieux à faire que de se
porter rapidement, en se couvrant de la Meuse, sur
Mézières, où l'on devait trouver comme appui le corps
de Vinoy. Cette direction était si indiquée que, dès que
le général Ducrot reçut l'ordre de se retirer, il prit pour
objectif Illy au nord de Sedan, d'où l'on pouvait gagner
la route de Mézières, l'interdire à l'ennemi et y faire
passer l'armée. Dans cette direction, la retraite était
possible le 30 au soir et resta possible tout le lendemain. On ne dit pas qu'elle se fût opérée sans accident,
mais elle se fût opérée.

Malheureusement, le maréchal de Mac-Mahon s'arrêta
à un parti intermédiaire, le pire qu'il pût prendre en
cette circonstance. Il résolut de placer toute son armée
autour de Sedan, et, appuyé à cette forteresse, d'y livrer
bataille à l'ennemi, si celui-ci osait l'y attaquer. Deux
raisons le déterminèrent.

D'abord il lui répugnait d'abandonner Bazaine, qu'on

s'attendait d'un moment à l'autre à voir déboucher de
Montmédy. On ne se doutait pas que depuis le 25, date
des dernières nouvelles que l'on avait de lui, il n'avait
pas bougé de Metz. Tant qu'on resterait à l'est de Sedan,
on pouvait lui donner la main ; à Mézières, ce serait
impossible ; en conséquence, l'idée d'une retraite immédiate sur Mézières fut écartée. Secondement, le maréchal ne soupçonnait pas qu'il allait avoir sur ses
derrières et son flanc gauche toute la troisième armée
prussienne ; il n'attribuait au prince de Prusse que
50,000 hommes, tandis que celui-ci en avait plus de
150,000. Quant au prince royal de Saxe, il lui en attribuait 70,000, ce qui était à peu près exact, et il se
flattait de le tenir en échec, peut-être de le battre. A
la rigueur c'eût été possible, si la troisième armée tout
entière n'avait pas été à portée de renforcer la quatrième. Mais cette troisième armée était là et, même
après Beaumont, le maréchal ne croyait pas à sa
présence. Fatale erreur ! avec les 115 ou 120,000 hommes [1], en partie désorganisés, qui lui restaient, il allait

1. Ce chiffre est supérieur à celui que l'on donne ordinairement
nous avons besoin de le justifier. Une note fournie à l'intendance
pour la distribution des vivres indique les effectifs suivants, le
soir du 31 août :

1er corps	30,000	hommes.
5e corps.............	20,000	—
7e corps.	30,000	—
12e corps...	45,000	—
Cavalerie de réserve.	2,500	—
Réserve d'artillerie et parcs........	2,000	—
	129,500	hommes.

En supposant que ces chiffres représentent, comme c'est pro-

avoir à lutter contre **210,000** ou même **230,000** Allemands, en y comprenant le vi° corps qui fut laissé en
réserve, à longue distance, mais qui en somme aurait
pu être appelé sur le champ de bataille, si la lutte
s'était prolongée plusieurs jours.

La retraite sur Sedan commença, le 30 au soir, avec
peu d'ordre et assez au hasard. L'état-major du maréchal ne montra point l'activité et la vigilance nécessaires
dans un aussi grand danger. La partie du 7° corps qui
n'avait pu passer la Meuse à Remilly descendit jusqu'à
Sedan avec l'idée de revenir le lendemain sur Carignan ;.
le chef du 7° corps était avec elle. Arrivé à Sedan, il
reçut l'ordre de ne pas s'en éloigner et s'établit au nord-
ouest de la ville, dans des prairies qui bordent la Meuse,
au pied du coteau de Floing. Le reste de son corps vint
l'y rejoindre.

Nous avons dit que les débris du 5° corps, après avoir
traversé Mouzon, avaient gagné les hauteurs qui dominent la Meuse et la Chiers; ils ne s'y arrêtèrent que peu
de temps. Malgré leur fatigue, et par une nuit noire, ces
soldats, dont on n'a peut-être pas assez remarqué le
zèle, poussèrent jusqu'à Brévilly, où ils passèrent la

bable, l'effectif de l'armée française avant la bataille de Beaumont
et la retraite désordonnée de la nuit suivante, en remarquant de
plus que, même dans cette hypothèse, ils sont médiocrement
exacts, qu'ils sont trop forts pour le 12° corps et peut-être un
peu faibles pour le 1er, on arrive au total approximatif de 115 à
120,000 hommes. Il s'agit ici de rationnaires, et tous les rationnaires ne sont pas des combattants; mais on doit faire la même
déduction quand on calcule le nombre des soldats ennemis.

Chiers; mais, là, ils apprirent que l'empereur était revenu de Carignan à Sedan et que la retraite sur cette ville semblait générale. Dès lors, à quoi eût servi de s'avancer vers l'est? On abandonna donc la direction de Montmédy et on prit celle de Sedan. D'autres débris du 5ᵉ corps s'y rendaient de leur côté par la route de Mouzon; les deux portions de ce malheureux corps ne se rencontrèrent pas dans la confusion de cette retraite nocturne, mais elles se rejoignirent vers six heures du matin sur le glacis de la place. Le 12ᵉ corps, dont quelques bataillons s'étaient fort troublés à la vue des fugitifs de Beaumont, mais qui en somme était intact, se retira un peu plus tard par cette même route de la vallée passant par Douzy, Bazeilles et Balan.

Un seul corps n'avait pris aucune part aux combats de cette funeste journée; c'était le 1ᵉʳ. Nous avons raconté comment il avait franchi la Meuse le matin. En quittant Remilly pour Carignan, il passait de la vallée de la Meuse dans celle de la Chiers. Cette petite rivière coule à Montmédy et à Carignan; elle se jette dans la Meuse en amont de Sedan un peu au-dessous de Re-milly. Afin d'éviter l'encombrement, le général Ducrot ne fit pas prendre à tout son corps la grande route de Sedan à Carignan; il la réserva pour les divisions Wolff et Lhériller, qui étaient un peu en arrière; avec ses deux autres divisions Pellé et de Lartigue, il prit une route plus au sud, intermédiaire entre Douzy et Mouzon, de manière à passer la Chiers à Tétaigne. Il arrivait à peine dans ce village lors-

que la canonnade retentit de l'autre côté de la Meuse :
il s'arrêta et envoya un de ses aides de camp chercher
des renseignements à Mouzon. Cet aide de camp rencontra l'empereur qui se rendait à Carignan. Ne recevant pas de contre-ordre du maréchal de Mac-Mahon,
le général Ducrot pensa que le mouvement sur Carignan était maintenu ; il acheva d'y conduire ses deux
divisions et les y établit vers trois ou quatre heures.
En ce moment, la canonnade redoublait d'intensité vers
Mouzon, mais elle s'affaiblit peu après. Tandis que le
général Ducrot, inquiet, cherchait à s'informer, il vit
revenir son aide de camp. Celui-ci lui apprit l'échec
du 5ᵉ corps et ne lui apporta que des instructions très-
vagues. Le maréchal, ne sachant pas encore s'il se
retirerait par Carignan ou par Douzy, se contentait de
faire dire à Ducrot de prendre ses dispositions pour
protéger la retraite dans ces deux directions ; il ne lui
envoyait qu'un ordre positif : celui de faire partir au
plus vite l'empereur pour Sedan.

En conséquence, le général Ducrot prescrivit aux
divisions Wolff et Lhériller de rester à Douzy ; il
massa à l'ouest de Carignan ses bagages, ses voitures,
son artillerie de réserve et disposa ses deux divisions
entre Carignan et Blagny. Puis il se rendit auprès de
l'empereur et lui communiqua les instructions du maréchal. Napoléon, qui avait laissé l'armée dans les
belles positions de Mouzon, eut peine à croire aux
désastreux événements qu'on lui annonçait. La nouvelle de la retraite surtout lui causa la plus pénible

surprise. Il ne pouvait admettre que l'armée en fût
réduite à cette extrémité. Forcé de se rendre à l'évi-
dence, il refusait encore de partir; il voulait rester
avec les deux divisions de Ducrot. Ce dernier lui fit
observer respectueusement que, se trouvant déjà dans
une position fort critique, la présence de l'empereur
et de sa suite ne pouvait qu'augmenter ses embarras.
Napoléon résistait toujours et il n'avait rien décidé
lorsque le général le quitta. Peu après, ses réflexions,
les conseils de son entourage triomphèrent de sa répugnance; il partit.

Il arriva un peu avant onze heures du soir à la gare
de Sedan, qui se trouve sur la rive gauche de la
Meuse, au delà du faubourg de Torcy et de l'enceinte.
Il ne s'était point fait annoncer; rien n'était donc préparé pour le recevoir. Accompagné de quelques généraux et officiers attachés à sa personne, il gagna à
pied la porte de Paris, distante de 400 mètres environ. Un lieutenant de mobiles, commandant le
poste, le reçut. L'empereur, qui était enveloppé d'un
caban, ne se fit pas connaître; il ordonna seulement,
comme général, au lieutenant de mobiles d'aller prévenir le général de Beurmann, commandant de la place,
de se rendre immédiatement à la sous-préfecture; puis
il continua sa route, toujours à pied, et arriva à la
sous-préfecture, qui est à deux kilomètres de la gare.

Presque au même moment où il faisait dans Sedan
cette entrée furtive, le maréchal adressait au ministre
de la guerre (31 août, à 1 heure 15 du matin), cette

dépêche d'un laconisme désespérant : « Mac-Mahon fait savoir au ministre de la guerre qu'il est forcé de se porter sur Sedan. » Le général Cousin de Montauban apprit ainsi que la marche sur Montmédy était abandonnée.

Les nouvelles positions vers lesquelles l'armée se dirigea dans la nuit du 30 au 31 étaient fortes; mais elles avaient le grand désavantage d'offrir un but facile à l'artillerie ennemie et de pouvoir être tournées sans trop d'efforts. La Chiers, rivière lente, étroite et assez profonde, où l'on ne trouvait que peu de gués, même dans cette saison, après avoir passé devant Carignan et Douzy, tous deux situés sur sa rive droite, vient tomber dans la Meuse près de Remilly. A partir de cette ville, la Meuse continue de couler au nord-ouest ; elle passe à un kilomètre à peu près de Bazeilles, qu'elle laisse à droite, puis elle atteint Sedan. Au nord de cette ville, elle se heurte à une suite de collines qui la rejettent au sud, jusqu'à la petite ville de Donchery, à peu près à la hauteur de Sedan. De là, après avoir coulé à l'ouest pendant cinq ou six kilomètres, elle reprend son cours nord-ouest jusqu'à Mézières, qui est à quinze kilomètres de Sedan. La boucle ou coude de la Meuse, coupée au sud par un canal et formant la presqu'île d'Iges ou de Glaire, couvre Sedan au nord-ouest, mais elle n'apporte qu'une douteuse protection à une armée placée sous les remparts de cette place, car elle permet à l'ennemi de la tourner au-dessous de Sedan sans être aperçu.

Sedan est une ville de 16,000 habitants, située sur
la rive droite, c'est-à-dire à l'est de la Meuse. Une
chaîne de hauteurs, qui s'étendent jusqu'à la Belgique,
l'enserre et la domine à l'est et au nord et va presque
raser le coude de la Meuse, de manière à ne laisser
vers le nord-ouest qu'un passage fort étroit. Sur la
rive gauche, à l'ouest et au sud, Sedan projette un
faubourg dans une plaine appelée Torcy, où l'on a
tracé des fortifications de peu de force et de dévelop-
pement. Là encore, des hauteurs bordent la Meuse ; une
première ligne la domine de Donchery à Remilly, en
passant par Frénois et Wadelincourt ; un peu en arrière, et au sud de ces deux villages, se trouvent d'autres collines boisées, dont la principale porte le nom
de bois de la Marfée. Au nord-est de Sedan, et séparé
de la Meuse par la largeur très-modique de la ville,
s'élève le château, assez bien fortifié, mais non pas
contre l'artillerie moderne. Si du haut de ses remparts
on regarde à l'est et au nord vers Montmédy et la Belgique, on aperçoit distinctement les vigoureux reliefs
de terrain qui séparent la vallée de la Chiers de la boucle de la Meuse. Si l'on se retourne du côté de l'ouest
et du sud, le regard, après avoir dépassé Sedan et
Torcy, s'arrête sur les hauteurs qui de l'ouverture de
la boucle, entre Donchery et Wadelincourt, s'étendent
jusqu'en face de l'embouchure de la Chiers. Cette situation donne l'idée d'un entonnoir dont Sedan forme le
fond [1]. Il est difficile d'imaginer un endroit plus propre

1. Le général Ducrot, dans son récit de la bataille de Sedan,

à l'investissement d'une armée, si cette armée n'est
pas maîtresse des hauteurs.

Avant que l'artillerie à longue portée fût en usage,
Sedan offrait quelques moyens de résistance, quoique
Henri IV, au commencement du dix-septième siècle,
eût obligé en trois jours le duc de Bouillon de venir à
composition. Aujourd'hui, ce n'est qu'une place insignifiante; de plus, elle était déplorablement armée de
vieux canons, mal pourvue de vivres et de munitions.
Elle ne présentait pas d'autre avantage que de gêner le
passage de la Meuse par l'ennemi et de permettre à
l'armée française de se mouvoir avec plus de sécurité
sur les hauteurs de la rive droite.

Quand on sort de Sedan par la porte du nord-ouest,
on prend la route de Charleville-Mézières, qui longe à
courte distance le côté oriental, puis touche l'extrémité
nord du coude de la Meuse, et s'avance ensuite droit à
l'ouest sur Mézières par Vrigne-aux-Bois. Cette route
passe au pied des coteaux de Floing et de Saint-Menges. Un peu plus au nord, se trouve le coteau boisé de
Fleigneux, et plus au nord, en tirant vers l'est, le bois
de Daigny. De ces hauteurs coulent au sud-ouest et
au sud-est le ruisseau de Floing qui tombe dans
la Meuse, près du village de ce nom, et le ruisseau de la Givonne qui va tomber dans la Meuse,
un peu au-dessus de Bazeilles, après avoir ren-

emploie cette même image d'entonnoir, mais il la conçoit autrement; pour lui, le fond de l'entonnoir se trouve au nord-ouest,
dans l'espace étranglé entre les hauteurs et le coude de la Meuse.

contré les villages ou hameaux de Givonne, Haybes, Daigny, la petite Moncelle, la Moncelle, la Platinerie. En dedans de ce demi-cercle, et comme la corde d'un arc, un chemin part de Givonne, s'élève sur le calvaire d'Illy, au sud du bois de Daigny, passe près de Fleigneux, et va aboutir par Saint-Menges à la route de Mézières. Entre Illy et Sedan, se trouve le bois de la Garenne, dont un mamelon à l'est forme le point culminant de ces hauteurs ; et, entre le bois de la Garenne et le ruisseau de la Givonne, passe la route de Sedan à Bouillon en Belgique. Cette route laisse à gauche le château et le vieux camp, qui lui sert de prolongement, et, après avoir traversé le Fond de Givonne, elle s'élève jusqu'à Givonne où elle franchit le ruisseau.

En dehors de ce demi-cercle très-irrégulier, comme tous ceux que trace la nature, on aperçoit du côté de l'est, par où s'annonçait la principale attaque des Allemands, quelques fortes positions : Rubecourt, au nord de Douzy ; puis, en montant encore au nord, Francheval, Villers-Cernay, La Chapelle, sur la route de Bouillon. Toute cette région, jusqu'à la frontière de Belgique, à quatorze ou quinze kilomètres de là, est très-accidentée, et, sans former une forêt continue, elle est très-boisée. Des taillis de vingt à trente arpents y alternent avec les clairières gazonnées. A part la grande route de Sedan à Bouillon, et, du côté opposé, la route de Charleville-Mézières, les chemins y sont étroits, encaissés, difficiles, et, quand on se rapproche de la ville, on trouve le terrain partout coupé de haies et de murs de clôture.

Si le maréchal de Mac-Mahon s'était fait une idée exacte des forces considérables qui se hâtaient vers Donchery, dans l'intention d'y franchir la Meuse et de lui couper la route de Mézières, il n'aurait pas pris la résolution de s'arrêter à Sedan. Profitant de la présence du 7ᵉ corps dans cette ville, il en aurait placé une partie à Donchery pour retarder le passage des Prussiens; il aurait ensuite amené tous ses autres corps à Saint-Menges, Fleigneux, Illy, et, après avoir effectué ce mouvement, qui pouvait être achevé dans la journée du 31, il aurait, ou livré bataille dans une situation relativement favorable, ou, ce qui eût peut-être mieux valu, il aurait fait filer dans la nuit toute son armée sur Mézières. Cette marche précipitée, après la retraite désordonnée de la nuit précédente, ne se serait pas faite sans pertes; on aurait sacrifié des traînards et des bagages, peut-être de l'artillerie; mais on aurait atteint Mézières. L'ennemi nous eût suivis sans nul doute. Que fût-il arrivé alors? Nul ne le sait. Tout ce que l'on peut dire, c'est que l'armée, renforcée des 10,000 hommes (division Blanchard), du corps de Vinoy, qui arrivèrent cette nuit même à Mézières, et qui le lendemain ou le surlendemain pouvaient être portés au double par l'arrivée d'une seconde division du 13ᵉ corps, s'y fût trouvée dans de meilleures conditions qu'à Sedan.

Malheureusement, le maréchal se faisait illusion sur

les forces qu'amenait le prince de Prusse. Ne les jugeant pas en état d'exécuter un mouvement tournant à l'ouest de Sedan et ne se croyant sérieusement menacé qu'à l'est par l'armée du prince royal de Saxe, il résolut de livrer bataille sur la ligne de hauteurs qui borde la Givonne depuis Bazeilles jusqu'au plateau d'Illy.

Le 7° corps, arrivé le premier à Sedan, s'établit d'abord dans les prairies, entre la route de Charleville et la rive droite de la Meuse. Comme cette position était dominée de tous les côtés, le général Douay, dans l'après-midi du 31, fit monter son corps sur le plateau de Floing, qui a trois ou quatre kilomètres d'étendue, se reliant par la droite aux bois de la Givonne, s'abaissant sur la gauche vers la Meuse qu'il domine, mais à longue distance. Douay, officier actif, soigneux, étudiant bien le terrain, tira parti des avantages de cette position, mais il ne put pas remédier à ses inconvénients, qu'il a vivement décrits dans son rapport, et que la bataille du lendemain ne fit que trop ressortir. Il voyait avec inquiétude le coteau qu'il occupait dominé par des hauteurs situées à moins de 2 kilomètres; il s'inquiétait aussi de ses derrières « coupés par des ravins, des chemins creux descendant vers la place, des bois, des habitations, des clôtures dont la disposition était telle qu'il était impossible d'y constituer et d'y prendre une seconde ligne de défense. »

« Mais ce qui le préoccupait le plus, c'était sa droite, clef de la position générale de l'armée, dont le seul point d'appui était formé par le plateau d'Illy et par les bois profonds qui, dans la direction de la Givonne, se relient sans interruption avec la forêt des Ardennes, dont ils sont un appendice. Il était indispensable que ce plateau et ces bois fussent fortement occupés; car ce plateau et ces bois une fois au pouvoir de l'ennemi, non-seulement il était dominé, débordé, coupé, sans résistance possible, mais les trois autres corps de l'armée étaient dans la même position que lui [1]. »

Le général Douay signala cet état de choses au maréchal. Celui-ci, trop confiant, crut parer au danger en renforçant le 7ᵉ corps d'une brigade du 5ᵉ, laquelle devait le relier solidement avec le 1ᵉʳ.

Le 5ᵉ corps, dont nous avons raconté l'arrivée sur le glacis oriental de Sedan, venait de changer de chef. A la suite de la retraite du général de Failly, de Bitche à Châlons, le ministre de la guerre, cédant au cri de l'opinion publique, résolut de lui retirer son commandement et de le remplacer par le général de Wimpffen, alors en Afrique. Wimpffen, prévenu en toute hâte, quitta Oran le 24 août et arriva à Paris le dimanche 28. Il eut aussitôt un long entretien avec le ministre de la guerre, qui lui exposa ses plans, se plaignit de la lenteur avec laquelle le maréchal de Mac-Mahon les exécutait et lui remit, outre ses lettres de commandement du 5ᵉ corps, un ordre de commandement éventuel de toute l'armée dans le cas où Mac-Mahon se

1. *Rapport du général Douay*, dans l'ouvrage du général de Wimpffen, intitulé *Sedan*, p. 215 et suiv.

trouverait empêché. Le général de Wimpffen se rendit
à Mézières le plus vite possible, n'y arriva que le 30,
à cause du trouble que les avant-gardes ennemies jetaient déjà dans cette région, eut quelque peine à atteindre Bazeilles en chemin de fer, et, se portant de
là à cheval sur la route de Mouzon, il assista, vers
quatre heures du soir, à la déroute du 5ᵉ corps, d'une
brigade du 7ᵉ, et vit même le désordre s'étendre à
une faible partie du 12ᵉ. Se saisissant alors du commandement vacant, il rallia 4 ou 5,000 hommes
appartenant à trois corps différents, ce qui donne
une idée de la confusion qui régnait dans cette armée, et, sur l'ordre du maréchal, les ramena dans la
nuit à Sedan. Le lendemain, rendant aux autres corps
les troupes qui leur appartenaient, il prit le commandement du 5ᵉ. Il eut la mission désagréable d'apprendre au général de Failly qu'il le remplaçait. « C'est une
grande injustice, » dit celui-ci. L'histoire ne sera
probablement pas de cet avis, quoique le général de
Failly ait été peut-être plus malheureux que coupable.
Wimpffen s'efforça, sans beaucoup de succès, de rendre
de la cohésion au 5ᵉ corps destiné à servir de réserve
à l'armée et réduit à deux faibles divisions par suite
de l'envoi au général Douay de l'unique brigade de la
division L'Abadie.

Le général Lebrun, avec le 12ᵉ corps, était resté
en position à Mouzon pendant la soirée pour donner
aux 7ᵉ et 5ᵉ corps le temps de s'écouler sur Sedan. Il
reçut à huit heures l'ordre de prendre la même direc-

tion, et de neuf heures à minuit il mit successivement
en mouvement ses trois divisions. La division de Vassoignes, composée des beaux régiments d'infanterie de
marine, marchait la première. Lebrun devait s'établir
dans l'angle formé par la Givonne et par la route de
Douzy à Sedan, en occupant par sa droite Bazeilles,
gros village solidement bâti, et les hauteurs de la
Moncelle par son centre et sa gauche qui se prolon-
geait jusqu'à Daigny.

L'avant-garde du 12ᵉ corps atteignit les environs de
Bazeilles le 31, vers neuf heures du matin ; elle eut dans
la journée à lutter contre des Bavarois du Iᵉʳ corps.
Ceux-ci, sous la protection de batteries établies
sur la rive gauche, avaient franchi le pont du chemin de fer qu'on avait négligé de couper, et poussé
des troupes assez nombreuses jusqu'à Bazeilles. Les
brigades Cambriels et Martin des Pallières les refoulèrent sur le pont après un engagement opiniâtre dans
lequel on s'aborda plusieurs fois à la baïonnette, et les
obligèrent à se replier sur la rive gauche. D'une rive
à l'autre, une fusillade régulière s'échangea entre les Bavarois et les Français. Les premiers souffrirent de notre
mousqueterie, mais leur artillerie fit quelques victimes
dans nos rangs. Du reste, comme de part et d'autre on ne
voulait pas s'engager ce soir-là, la canonnade s'éteignit
vers cinq heures. Le général Martin des Pallières eut
la cuisse traversée d'une balle ; mais sa brigade, à laquelle avait fini par se joindre le reste de la division
Vassoignes, conserva cette importante position.

Le 12ᵉ corps, solidement établi à Bazeilles et sur le plateau de la Moncelle, s'étendait jusque vers Givonne où le 1ᵉʳ corps allait arriver.

Le général Ducrot avait passé la nuit du 30 à Carignan. Le lendemain matin, entre sept et huit heures, ne recevant pas d'ordres, il se décida à la retraite. Le général Margueritte, laissé également sans ordres sur la rive gauche de la Chiers, et ayant passé sur la rive droite de l'avis de Ducrot, s'associa à son mouvement. Le chef du 1ᵉʳ corps ne supposait pas même que l'on pût s'arrêter à Sedan ; il pensait que le maréchal manœuvrerait entre Sedan et Mézières, de manière à avoir sa retraite ouverte sur cette dernière ville. Ses ordres s'inspirèrent de cette idée.

Comme la route de la vallée par Douzy, Bazeilles et Balan était fort encombrée, il résolut de prendre le chemin de la montagne, passant par Osnes, Messincourt, Pouru-aux-Bois, Francheval, Villers-Cernay, Givonne et Illy, où il comptait établir son bivouac. Une lettre de lui, écrite à huit heures du matin, en prévint le maréchal. La marche commença aussitôt. Les bagages, les services administratifs, avec la cavalerie Margueritte, filèrent sur Illy. Les deux divisions Wolff et Lhériller reçurent l'ordre de venir rejoindre le reste du 1ᵉʳ corps à Francheval; mais le maréchal leur avait déjà prescrit de se porter sur Sedan.

La marche se fit en bon ordre et assez rapidement jusqu'à Francheval, où l'on trouva la route encombrée par plusieurs colonnes de cavalerie et par les bagages des 5ᵉ et 12ᵉ corps, qui, se voyant exposés aux batteries ennemies, s'étaient rejetés précipitamment de la route de la vallée sur la route de la montagne. Le général Ducrot, pour protéger l'écoulement des fuyards et des bagages, échelonna ses troupes et son artillerie sur les hauteurs entre Francheval et Villers-Cernay, et attendit que la route fût libre ; il se mit alors en marche sur Illy. Il n'en était plus qu'à une heure, et touchait à Givonne, lorsqu'il reçut une lettre du maréchal de Mac-Mahon lui ordonnant formellement d'abandonner la direction de Mézières et de venir se placer à l'est de Sedan, entre Balan et Bazeilles. Cette lettre est trop importante pour que nous ne la donnions pas tout entière ; la voici :

« Mon cher général,

« Je vous avais fait donner hier l'ordre [1] de vous rendre de Carignan à Sedan et nullement à Mézières, où je n'avais point l'intention d'aller. Ayant vu ce matin le général Wolff, je vous croyais à Sedan. A la réception de la présente, je vous prie de prendre vos dispositions pour vous rabattre dans la soirée sur Sedan dans la partie est. Vous viendrez vous placer à la gauche du 12ᵉ corps, près de Bazeilles, entre Balan et Bazeilles.

« MAC-MAHON. »

---

1. Le général Ducrot fait observer que cet ordre ne lui était point parvenu.

Le général Ducrot obéit avec désespoir à un ordre dont il prévoyait les funestes conséquences. Ses dernières troupes n'atteignirent l'emplacement indiqué qu'à onze heures et demie du soir. Plein d'anxiété, il s'étendit près d'un feu de bivouac, en attendant le jour.

Tandis que les troupes françaises s'entassaient dans le triangle dont la Meuse et les ruisseaux de Floing et de Givonne dessinent les côtés, les Allemands prenaient leurs dispositions pour les y envelopper.

Après le combat de Beaumont, dont le roi de Prusse avait suivi les péripéties du haut du coteau de Sommauthe, l'état-major allemand, ignorant si l'armée française continuerait sa marche vers Montmédy ou rétrograderait sur Mézières, se mit en mesure de lui fermer le passage · aussi bien à l'est qu'à l'ouest. La garde et le xii⁰ corps repassèrent sur la rive droite de la Meuse, près de Pouilly, dans la matinée du 31 août. La garde se dirigea sur Carignan que ses premiers cavaliers atteignirent vers midi; leur apparition hâta la fuite des traînards et ne permit pas d'évacuer tous les vivres et le matériel qui se trouvaient dans cette ville. Les cavaliers allemands poussant leur pointe coururent jusqu'à Pouru-Saint-Remy et Douzy, mais là ils furent arrêtés par de l'infanterie française. Néanmoins ils enlevèrent un convoi de quarante voitures chargées de vivres et de matériel d'ambulance. Pendant ce temps, le xii⁰ corps, dirigé sur Douzy par la vallée de la Meuse, l'occupa sans coup férir à trois heures; puis, lançant de fortes reconnaissances jusqu'à

8

Francheval, il fit de nombreux prisonniers et s'empara d'un convoi de cent vingt voitures. « Partout, dit Borbstaedt, des bagages jetés çà et là, des fourgons abandonnés, des débris de toute nature, témoignaient du désordre avec lequel l'ennemi s'était replié sur Sedan. » Nous aurions voulu omettre ces tristes détails, mais il a fallu les rapporter, parce qu'ils eurent sur les résolutions de l'état-major prussien une influence décisive et funeste pour nous.

Le IVe corps avait descendu la rive gauche de la Meuse jusqu'à Mouzon, de manière à prêter main-forte aux deux autres corps de la quatrième armée, si besoin était, mais son secours ne fut pas nécessaire.

La troisième armée fit sur la rive gauche de la Meuse un mouvement analogue à celui que la quatrième exécutait sur la rive droite. Elle s'avança jusqu'à cette rivière, formée en trois colonnes. La plus à l'ouest, composée de la division wurtembergeoise, se dirigea par Stonne, la Neuville et Vendresse sur Boutencourt, de manière à couvrir du côté de Mézières la gauche de l'armée ; au centre, le XIe corps s'avança de Stonne par Chémery et Cheveuge, pour venir occuper Donchery. Le Ier corps bavarois qui formait la colonne de droite marcha par Raucourt sur Remilly. Nous avons raconté comment il engagea près de Bazeilles un combat assez vif avec une partie du 12e corps français. Quant aux deux autres colonnes, elles exécutèrent sans trouver la moindre opposition les mouvements qui leur étaient prescrits.

Ces trois colonnes ne formaient que la première ligne de la troisième armée. En seconde ligne venaient le v° corps à Chémery, le ii° bavarois à Raucourt, enfin en troisième ligne le vi° corps à Attigny. Dans le principe, l'intention du roi était de laisser reposer ses troupes pendant la journée du 1er septembre et de n'engager l'action décisive que le lendemain. Ce fut assez tard dans l'après-midi du 31 que ses intentions se modifièrent et qu'il fixa l'attaque au 1er septembre. On montre dans le petit village de Chémery l'endroit où fut prise cette mémorable résolution. Le prince royal de Prusse avait devancé son père à Chémery ; il assistait au long défilé des troupes du xi° corps et du v° qui marchaient sur la Meuse par la route de Frénois ; le roi de Prusse vint l'y rejoindre, et, descendant de voiture, regarda le défilé. Il resta ainsi sur la route, malgré les flots de poussière que soulevaient tant de fantassins, de chevaux et de chariots, jusqu'à ce que la dernière voiture de vivres du v° corps eût passé. Posant alors la main sur le bras de son fils, il le mena dans un étroit chemin qui est à droite, au sortir du village, entre deux jardins. On vit pendant quelque temps le père et le fils s'entretenir fort sérieusement. Le vieux roi avait la main sur l'épaule du prince ; celui-ci tenait une carte déployée et semblait parler avec une certaine insistance. M. de Moltke, chef d'état-major général, M. de Blumenthal, chef d'état-major de la troisième armée, puis le ministre de la guerre, M. de Roon, et le général Podbielski furent appelés à ce conseil, qui dura à peu près une demi-heure. Le roi se rendit ensuite à son quartier-général de Vendresse, et le prince royal de Prusse resta à Chémery.

Ce qui avait été décidé dans cette conversation en plein air, on devait bientôt le savoir. La bataille d'abord fixée au 2 septembre était avancée d'un jour. Le désordre qu'on avait remarqué dans la retraite des Français, le peu de résistance qu'ils offraient dans cette journée du 31 août, encourageaient les Allemands à brusquer l'attaque. Ceux-ci craignaient de plus que le maréchal de Mac-Mahon profitât d'un jour de répit pour mettre de l'ordre dans son armée ou pour se replier sur Mézières. L'état-major allemand résolut donc d'engager l'action générale dès le lendemain, et dans la soirée il donna des instructions à cet effet.

Les deux armées allemandes (quatrième et troisième), à cheval sur la Meuse en amont de Sedan, s'étendaient depuis Carignan et Pouru-aux-Bois, près de la frontière belge, jusqu'à Donchery et Boutencourt, décrivant un demi-cercle dont l'arc oriental (quatrième armée), tendait au nord-ouest, et l'arc méridional (troisième armée) tendait au nord avec inclinaison vers l'est, de manière à rejoindre l'autre section et à former le cercle complet ; ou si, empruntant une autre image à la géométrie, on compare la position à un triangle au lieu d'un cercle, on dira que les Prussiens en occupaient la base au sud, tenaient une moitié du côté oriental, et qu'ils avaient pour but de compléter d'une part la possession du côté oriental et de l'autre d'occuper le côté occidental. Il est inutile d'avertir qu'il n'y a ni cercles ni triangles parfaits dans la nature, et que ces figures ne peuvent servir qu'à donner une idée approximative des positions qu'occupaient ou allaient occuper les Allemands autour du terrain circonscrit par la Meuse et par les deux vallées du Floing et de la Givonne.

Dans la quatrième armée allemande, la garde s'étendait depuis Carignan jusque vers Pouru-aux-Bois ; le XIIᵉ corps à gauche avait pris position de Pouru-aux-Bois à Douzy et touchait à Francheval par ses avant-postes ; le IVᵉ corps, un peu en arrière et sur la rive gauche de la Meuse, donnait la main aux Bavarois, qui formaient l'extrême droite de la troisième armée.

Le Iᵉʳ corps bavarois était à Remilly, le IIᵉ à Raucourt, le Vᵉ corps prussien un peu au delà de Chémery, où se trouvait le quartier-général du prince royal de Prusse, le XIᵉ corps à Donchery ; la division wurtembergeoise à Boutencourt, à l'ouest de Donchery. Le VIᵉ corps restait très en arrière, à Attigny ; il était destiné, si l'armée française s'échappait vers l'ouest, à se porter du côté de Rethel, pour y couper aux Français la route directe de Reims et de Paris. Ce mouvement demandait plusieurs jours, et le VIᵉ corps prussien ne prit pas plus de part à la bataille que le 13ᵉ corps français. Ainsi, à part la quatrième armée et le Iᵉʳ corps bavarois, qui formaient une ligne assez serrée, le reste des forces allemandes était loin d'être concentré. L'armée française, si elle avait été moins

8.

fatiguée, aurait peut-être pu tirer parti de cette disper-
sion en prenant vigoureusement l'offensive contre le
prince royal de Saxe ; mais le général de Moltke ne
craignait point cette résolution hardie ; ce qu'il redoutait, c'est que l'armée française lui échappât par la
route de Mézières ; ses dispositions tendirent à couper
de ce côté la retraite aux Français. Les Wurtembergeois, qui formaient l'extrême gauche de l'armée prussienne, devaient se porter de Boutencourt à Dom-le-
Mesnil et y passer la Meuse dans la nuit du 31, sur un
pont de bateaux. Le XIe corps, profitant du pont de
Donchery, qu'on n'avait ni fait sauter ni essayé de
défendre, et s'aidant aussi d'un pont de bateaux, dut
également franchir la Meuse dans la nuit.

Quelques troupes allemandes, en petit nombre, passèrent même sur la rive droite dans l'après-midi du 31.
Le général Douay, qui en fut averti, ne crut pas que
ses soldats fatigués pussent être engagés contre l'ennemi, dont le séparait la presqu'île d'Iges. Il fit prévenir le maréchal, qui attacha peu d'importance à ce
qu'il regardait comme une simple démonstration. Ce
n'était en effet qu'une démonstration, mais elle annonçait et préparait le mouvement tournant du lendemain.

A l'autre extrémité de la ligne allemande, le prince
de Saxe dut porter la garde et le XIIe corps de Pouru-
aux-Bois, de Pouru-Saint-Remy et de Douzy jusqu'au
delà d'un petit ruisseau parallèle à la Givonne qui passe
par Villers-Cernay, Rubecourt, Lamecourt. Il agirait

contre le 1er corps français et une partie du 12e sur la ligne de Givonne à la Moncelle, tandis qu'une division du iv° corps, avec la réserve d'artillerie, se joindrait au 1er corps bavarois pour attaquer le 12e corps français à Bazeilles. L'autre division du iv° corps prussien restait un peu en arrière comme réserve du xii° corps saxon.

Le ii° corps bavarois devait garder la rive gauche de la Meuse, de Wadelincourt à Frénois ; le xi° corps, suivi du v° et de la quatrième division de cavalerie, longeant le rebord occidental de la boucle de la Meuse, couperait à Vrigne-aux-Bois la route de Mézières et se porterait ensuite sur Saint-Menges ; il aurait à combattre le 7e corps français. Ces divers mouvements devaient se faire au point du jour.

Ainsi se passa la journée du 31 août. Depuis la veille, la situation de l'armée française avait fort empiré. La route de l'ouest n'était pas encore fermée, mais il était déjà bien tard pour s'y hasarder. La route du nord restait ouverte aussi, mais c'était la route de Belgique ; l'armée française, en la prenant, n'échappait aux Prussiens que pour être internée sur un territoire neutre.

Ni le maréchal de Mac-Mahon, qui avait dans ses mains le sort de l'armée française, ni l'empereur, dont le trône était en jeu, ne montrèrent la décision qu'exigeaient les circonstances.

Le maréchal de Mac-Mahon a les vertus de Catinat et son fier courage sur un champ de bataille, mais il

semble qu'il ait les mêmes incertitudes, les mêmes
hésitations dans un grand commandement. Pendant
les longues heures de ce malheureux jour du 31, il
ne décida rien lorsqu'il aurait fallu à l'instant et sans
balancer prendre un parti. Chaque minute de retard
enlevait à l'armée une chance de salut. Du haut de la
citadelle de Sedan, le maréchal vit des troupes ennemies de différentes armes filer le long de la rive
gauche de la Meuse pour nous tourner et se mettre
entre nous et Mézières, notre retraite naturelle. Chose
étrange ! cette vue, au lieu d'appeler toute son attention sur le point le plus vulnérable et le plus dangereux de sa ligne, reporta son esprit dans cette direction de l'est où, à la rigueur, Bazaine pouvait encore
déboucher. Il se dit qu'en gardant bien le calvaire
d'Illy, il n'avait pas beaucoup à craindre du côté de
l'ouest, et que si, malgré tout, il était battu de ce
côté, il reprendrait sa marche sur Carignan et Montmédy. Le soir, son irrésolution durait encore. Il ne
savait s'il irait à Mézières ou à Carignan. Aussi ne
donna-t-il pas à ses lieutenants d'ordres pour le lendemain. C'est de la sorte que dans l'état-major français se prépara cette bataille du 1er septembre, dont
dépendaient les destinées de l'empire et de la France.

L'empereur, arrivé à Sedan fort avant dans la soirée
du 30, avait refusé de continuer sa route jusqu'à Mézières, ce qui était encore possible. Quoiqu'il ne com-
mandât plus l'armée, il voulait partager son sort. Cette
résolution ne manquait pas de dignité. Il rédigea une

proclamation, datée du 31 août, et qu'on n'eut pas
même le temps de distribuer aux troupes ; très-peu de
soldats la connurent ; ce sont les dernières paroles que
le neveu de Napoléon Ier ait adressées à l'armée française ; à ce titre, elles méritent une place dans l'histoire. Il disait à l'armée :

« Soldats,

« Les débuts de la guerre n'ayant pas été heureux,
j'ai voulu, en faisant abstraction de toute préoccupation personnelle, donner le commandement des armées
aux maréchaux que désignait plus particulièrement
l'opinion publique.

« Jusqu'ici, le succès n'a pas couronné vos efforts ;
néanmoins j'apprends que l'armée du maréchal Bazaine s'est refaite sous les murs de Metz et celle du
maréchal de Mac-Mahon n'a été que légèrement entamée hier. Il n'y a donc pas lieu de vous décourager.
Nous avons empêché l'ennemi de pénétrer jusqu'à la
capitale, et la France entière se lève pour repousser
ses envahisseurs. Dans ces graves circonstances, l'impératrice me représentant dignement à Paris, j'ai pré-
féré le rôle de soldat à celui de souverain. Rien ne me
coûtera pour sauver notre patrie. Elle renferme encore,
Dieu merci, des hommes de cœur, et, s'il y a des
lâches, la loi militaire et le mépris public en feront
justice.

« Soldats, soyez dignes de votre ancienne réputa-

tion ! Dieu n'abandonnera pas notre pays, pourvu que
chacun fasse son devoir.

« Fait au quartier impérial de Sedan, le 31 août 1870.

« NAPOLÉON. »

Cette proclamation contient des espérances qui s'é-
vanouirent dans la journée du 31. Le soir, Napoléon
n'attendait plus rien ni d'une bataille, ni d'une retraite
sur Mézières. Dans le mémoire qu'il a fait rédiger sur
la campagne de Sedan, il le dit, et il ajoute, en des
termes qu'il faut citer [1] : « Dans ces conditions, il n'y
avait, selon nous, qu'une résolution suprême à adopter
pour sauver l'armée, c'était de prendre sa ligne de
retraite sur le territoire neutre de la Belgique... Il fallait occuper en forces les hauteurs d'Illy et de Givonne,
abandonner la ville de Sedan à ses propres ressources,
faire volte-face et se retirer par les routes qui condui-
sent en Belgique. » Sans doute, on évitait ainsi une
immense effusion de sang ; mais l'armée n'en était
pas moins prisonnière et perdue pour la France pendant le reste de la guerre ; on eût de plus causé de
grands embarras à un pays ami. Enfin cette fuite sur
le territoire étranger, avant le combat, était-elle honorable ? Le chef de l'armée française n'eut pas à débattre
dans son esprit cette question, l'idée de la retraite en

---

1. *Des causes qui ont amené la capitulation de Sedan,* par un
officier de l'état-major général, publié à Bruxelles, en novembre
1871.

Belgique ne lui vint même pas. Puisque c'est la loi de
la guerre que ces luttes de peuple à peuple fassent
couler des flots d'un sang généreux, et puisque après
des alternatives de bonne et de mauvaise fortune, la
victoire doit rester à ceux qui le plus constamment
auront hasardé leur existence pour remplir leur devoir,
ne regrettons pas que nos généraux et nos soldats aient
voulu se servir encore une fois de leur épée avant de
la rendre brisée à l'ennemi. Leur résolution ne sauva
point l'armée, mais elle sauva son honneur. La journée
de Sedan restera à jamais un jour de deuil pour la
France ; mais, Dieu merci ! ce n'est pas un jour de
honte, et, au moment où nous allons tracer le tableau
de cette bataille, quelque chose domine notre tristesse,
c'est un sentiment d'admiration et de reconnaissance
pour ceux qui, dans une lutte inégale, sacrifiant leur
vie à la patrie, combattirent jusqu'à la mort ou jusqu'à
l'épuisement de leurs forces, contre le nombre et la
fortune.

CHAPITRE VI

A BATAILLE DE SEDAN

1er Septembre

—

Commencement de la bataille à quatre heures et demie du matin. — Le 1er corps
bavarois attaque Bazeilles. — Vaillante résistance de l'infanterie de marine. — Le maréchal de Mac-Mahon se porte sur cette partie du champ de
bataille. — Il est blessé. — Dispositions du général Ducrot pour défendre
les hauteurs de la Givonne. — Le maréchal de Mac-Mahon transmet le
commandement en chef au général Ducrot. — Ducrot prend le parti de
concentrer toute l'armée sur le plateau d'Illy, pour se retirer de là sur Mézières. — Avantages de cette ligne de retraite. — Ordres donnés en conséquence et commencement de la retraite. — Présence de l'empereur
sur le champ de bataille. — Le général de Wimpffen réclame le commandement en chef de l'armée à neuf heures. — Ses vues diamétralement
opposées à celles de Ducrot. — Il ordonne un mouvement offensif à l'est,
avec projet éventuel de retraite sur Carignan. — Déplorable effet de ces
ordres contradictoires. — Opinion du maréchal de Mac-Mahon. — Prise et
incendie de Bazeilles par les Bavarois. — Occupation de Daigny par le
XIIe corps (Saxons). — La garde prussienne force le passage au nord de
Givonne et s'avance contre Illy. — Grand danger de cette position centrale
menacée et canonnée d'un côté par la garde, de l'autre par les XIe et
Ve corps. — Résistance de Douay sur les hauteurs en arrière du Floing. —
Grande supériorité de l'artillerie allemande. — Efforts désespérés du général Ducrot pour conserver le plateau d'Illy. — Charges héroïques de la
cavalerie française. — Les Français forcés d'abandonner les hauteurs d'Illy,
de la Givonne et du Floing. — Les généraux Douay et Ducrot rejetés sous
les murs de Sedan. — Première apparition du drapeau parlementaire sur
la citadelle, à trois heures. — Projet de Wimpffen de forcer les lignes
ennemies à l'est, et de se retirer sur Carignan. — Ses instructions aux
généraux Douay et Ducrot. — Sa lettre à l'empereur. — Retour offensif
d'une partie du 12e corps dans la direction de Bazeilles. — Inutilité de
cette tentative. — Le reste du 1er corps forcé de quitter la position
de Givonne. — Jonction de la garde et du Ve corps prussien à Illy. —
Investissement complet de l'armée française. — L'empereur, décidé à ca-

9

pituler, fait arborer le drapeau blanc. — Le général de Wimpffen refuse de
traiter d'une capitulation. — Il tente, sans résultat, une pointe dans le
village de Balan, avec trois mille hommes. — Sa rentrée dans Sedan,
avec le général Lebrun, à six heures. — Fin de la bataille. — Rôle de la
division wurtembergeoise pendant le combat. — Le général Vinoy à Mézières, avec la division Blanchard, le 1er septembre. — Sa position dangereuse. — Il sauve sa division par une retraite immédiate et bien conduite. — Forces comparées des armées allemandes et de l'armée française dans la bataille de Sedan. — Pertes de part et d'autre.

La nuit qui précéda la bataille fut claire. Vers le
matin, des brouillards s'élevèrent sur la Chiers et sur
la Meuse, et favorisèrent les mouvements des Allemands en amont et en aval de Sedan. Les Bavarois
du 1er corps franchirent la Meuse à quatre heures du
matin, sur un pont de bateaux à Remilly et sur le pont
du chemin de fer. Ils s'avancèrent contre Bazeilles,
que gardait l'infanterie de marine. Les deux autres
divisions du 12e corps étaient disposées entre Bazeilles
et la Moncelle. Le feu s'engagea dès quatre heures
et demie.

Le maréchal, debout avant le jour, attendait des
nouvelles de ses lieutenants pour décider sur quel
point du champ de bataille il se dirigerait. Un aide de
camp envoyé à Douay revint rapporter que vers Floing
rien ne se dessinait encore. En même temps, le maréchal recevait une dépêche de Lebrun. Ce général
l'informait qu'attaqué vivement sur sa droite (à Bazeilles) il comptait s'y maintenir avec avantage, mais
qu'il était inquiet des mouvements de l'ennemi à sa
gauche. Il apercevait distinctement dans le lointain de

fortes colonnes débouchant par Francheval et Villers-
Cernay, et paraissant se diriger sur le village de la Chapelle, à travers les bois, pour tourner la position d'Illy.

Une dépêche du général Margueritte confirma celle
de Lebrun. Lui aussi avait aperçu un déploiement
considérable de troupes allemandes sur les hauteurs
qui dominaient la Givonne, en face du 1ᵉʳ corps. Ces
nouvelles n'inquiétèrent pas le maréchal, que rassu-
rait la présence en cet endroit de Ducrot avec ses
quatre divisions, mais elles lui apprirent que l'attaque
se prononçait sur la Givonne, et il s'y porta aussitôt
en faisant prévenir l'empereur que la bataille commençait.

Il se rendit d'abord auprès de Lebrun, qu'il trouva
confiant. De ce côté tout allait bien. Les Bavarois s'a-
charnaient sur la ville de Bazeilles, où les batteries allemandes de la rive gauche envoyaient des obus ; mais
l'infanterie de marine se défendait avec une rare intré-
pidité et l'ennemi ne faisait aucun progrès.

Satisfait de ce qu'il venait de voir, mais préoccupé
des mouvements qu'on lui annonçait au-dessus de
Daigny, le maréchal se dirigea vers les positions du
1ᵉʳ corps, et se plaça sur une éminence fort en avant
de Balan, au nord de Bazeilles, en face et très-près de
la Moncelle. Tourné vers l'est, il apercevait distinctement le terrain entre la Moncelle et Daigny. Cette
partie du champ de bataille était encore vide d'ennemis ; on n'y voyait que quelques cavaliers saxons
disposés en éclaireurs. Tout à coup un obus, parti

soit d'une batterie bavaroise de Remilly, soit d'une batterie saxonne établie non loin de la Moncelle, éclata près du maréchal, et un des fragments du projectile lui déchira profondément les chairs au-dessous de la hanche gauche. Quelques lignes plus haut, l'éclat d'obus aurait brisé la hanche, et la blessure eût été mortelle. Telle qu'elle était, elle le mettait pour plusieurs semaines hors de combat. L'illustre blessé n'en soupçonna pas d'abord la gravité et ne crut qu'à une contusion, mais tandis qu'on le descendait de son cheval, dont le même obus avait brisé la jambe, il s'évanouit. Il reprit presque aussitôt connaissance et essaya vaillamment de lutter contre le saisissement que lui causait ce coup funeste. Le médecin qui examina la blessure où restait encore l'éclat d'obus, déclara que le maréchal ne pouvait pas demeurer sur le champ de bataille, qu'il fallait le transporter à Sedan ; une nouvelle défaillance du blessé confirma ses paroles. Le maréchal, moins affecté de ses souffrances que des dangers de l'armée, vit bien qu'il ne pouvait pas garder le commandement et il résolut de le remettre au général Ducrot. Il envoya son chef d'état-major, le général Faure, l'en informer, et se fit rapporter à Sedan. Il était un peu plus de six heures.

Le maréchal rencontra à la sortie de Sedan l'empereur qui se dirigeait vers Bazeilles au plus fort du combat. Quelques paroles s'échangèrent entre eux, elles furent sans doute insignifiantes, puisque ceux qui les entendirent ne les ont pas racontées.

L'empereur, en quittant Sedan, avait vu les premiers obus tomber sur la place. Il savait que le péril était extrême et jugeait la situation presque désespérée ; mais il ne s'effrayait point du danger, et quoiqu'il n'eût pas ces ressources de caractère et de génie qui commandent à la fortune, elle l'avait si bien servi en d'autres occasions qu'il ne renonçait pas tout à fait à compter sur elle. Il attendait avec une sorte d'apathie fataliste ce qu'elle ordonnerait de lui. Triste et pensif, mais impassible, il allait au devant de la pluie de projectiles qui s'abattait sur cet angle de la Givonne et de la Meuse. Tandis qu'une formidable batterie à longue portée, placée sur les hauteurs entre Frénois et Wadelincourt, en avant de la Marfée, envoyait des obus sur Torcy, une autre batterie, établie également sur la rive gauche de la Meuse, mais très-près de la rivière, canonnait Bazeilles et Balan. L'artillerie de la place, composée de pièces de vieux modèle et très-mal approvisionnées, était hors d'état de répondre. Les Français recevaient des coups sans pouvoir les rendre.

L'empereur s'arrêta sur la route de Balan à Bazeilles, au milieu d'un régiment de l'infanterie de marine et s'entretint un moment avec le général de Vassoignes. Puis laissant derrière lui sa brillante escorte qui attirait trop l'attention de l'ennemi, il monta sur une hauteur qui domine Balan. Il n'était accompagné que d'un de ses aides de camp, le général Pajol, d'un officier d'ordonnance, le capitaine d'Hendecourt, de

son premier écuyer, M. Davilliers, et du docteur Corvi-
sart. Il resta là près d'une heure à côté d'une batterie
française, regardant, sous le feu de l'ennemi, ce champ
de bataille où se jouait un acte décisif et probablement
le dernier du drame impérial. Son officier d'ordonnance
fut tué près de lui.

Malgré le feu violent de l'artillerie allemande, l'infanterie de marine tenait ferme à Bazeilles ; les Bavarois
perdirent beaucoup de monde sans avancer, et, de ce
côté, la bataille nous était plutôt favorable.

Au premier bruit du combat engagé sur sa droite, le
général Ducrot avait pris ses dispositions pour appuyer
son collègue et pour défendre la partie de la ligne de
la Givonne dont la garde lui était confiée. La division
Wolff était solidement établie sur les hauteurs qui
bordent ce ruisseau, du village de Givonne à celui de
Daigny, et elle se reliait par quelques compagnies aux
troupes du 5ᵉ corps qui occupaient le bois de la Garenne. La division de Lartigue avait passé la Givonne
à Daigny dès six heures du matin et s'était portée dans
la direction du bois Chevalier pour soutenir la gauche
du 12ᵉ corps ; la brigade Carteret, de la division Lhériller, avait été mise à la disposition du général Lebrun
pour renforcer également le corps qu'il commandait ;
plus tard, une brigade de la division Pellé reçut la
même destination. Les divisions Pellé et Lhériller,
réduites chacune à une brigade et dont la dernière
avait été séparée de son artillerie dans la retraite du
jour précédent, étaient en seconde ligne.

Entre six et sept heures, le feu s'étendit le long de
la Givonne jusque vers Daigny par l'entrée en ligne du
XIIe corps (Saxons), qui s'empara de la Moncelle et
dirigea un feu violent d'artillerie sur les positions du
1er corps. En ce moment le général Ducrot venait de
prendre une grave résolution. Il avait appris, vers six
heures et demie, par un aide de camp, que le maréchal,
mis hors de combat, lui déléguait le commandement.
Quelques moments après, le général Faure lui confir-
mait cette nouvelle et se mettait à sa disposition, mais
sans lui apporter d'instructions. Comme, la veille, le
maréchal avait fait filer sur Mézières une certaine
quantité de bagages, on avait lieu de croire qu'il pensait à se retirer sur cette place et qu'il ne livrait bataille que pour ralentir la poursuite de l'ennemi. Le
général Ducrot étant dans les mêmes idées, le maréchal, pensait-on, n'avait pas besoin de les lui suggé-
rer, et il aima mieux sans doute ne gêner par aucun
ordre la liberté d'action d'un général qui allait. avoir
désormais la responsabilité de la bataille.

Cette supposition, quoique vraisemblable, n'était
pas fondée. Le maréchal, avec sa franchise ordinaire,
a déclaré qu'en ce moment il n'avait point de résolution arrêtée. S'il ne donna pas d'instructions à son
successeur, c'est que lui-même n'avait pas pris son
parti, flottant toujours entre Mézières et Carignan, et
inclinant plutôt vers cette dernière direction.

Le général Ducrot ne se dissimulait pas que le
mouvement de retraite sur Mézières offrait bien plus

de difficultés que la veille ; mais comme c'était à ses yeux l'unique chance de salut, il n'hésita pas à l'ordonner. Après avoir étudié les différents documents publiés sur cette funeste journée, nous restons convaincu qu'il avait raison.

L'armée ne pouvait pas s'immobiliser dans un triangle dont l'ennemi occupait déjà presque les trois côtés et dont le sommet, placé au-dessus d'Illy, devait fatalement tomber entre ses mains. Il fallait absolument en sortir. On ne pouvait en sortir ni par le sud, que fermaient la Meuse et les batteries allemandes de la rive gauche, ni par le nord, qui menait en Belgique ; à la rigueur, on pouvait se rejeter tous en masse à l'est, sur la route de Carignan ; mais, outre que cette route était dominée, elle aussi, par les batteries de la rive gauche, où menait-elle ? A Carignan, à Montmédy. En supposant, ce qui paraît du reste improbable, que quelques corps de l'armée de Châlons eussent réussi à arriver jusque-là, ils auraient été pris entre les deux armées allemandes de Sedan et les deux armées qui investissaient Metz. Leur perte, un peu retardée, n'était pas moins certaine. Ainsi, dans l'hypothèse la plus favorable, la retraite sur Carignan ajournait le désastre, elle ne l'empêchait pas.

Il n'en était pas de même de la retraite sur Mézières. Une fois cette retraite accomplie, l'armée se trouvait relativement en sûreté. Si la route de Paris par Laon et Soissons, ou la Fère et Compiègne, qui pourtant resta ouverte pour le corps de Vinoy, lui était

fermée, elle avait l'abri des places fortes du Nord, elle
avait la ligne de la Somme. Ainsi, entre les deux directions, l'une à l'est, l'autre à l'ouest, il n'y avait pas
de comparaison possible, tout l'avantage était du côté
de la seconde ; mais il fallait pouvoir arriver à Mézières, et, à l'heure où Ducrot prit le commandement, la
difficulté était certainement très-grande. On a vu par la
description que nous avons donnée du champ de bataille, et on verra mieux en jetant les yeux sur une
carte, que, pour exécuter le mouvement de retraite sur
Mézières, il fallait détacher le 12ᵉ et le 1ᵉʳ corps du
ravin de la Givonne, les amener sur le plateau d'Illy,
recueillir en passant le 5ᵉ, réunir à ces .trois corps le
7ᵉ, placé derrière le ruisseau qui coule d'Illy à Floing,
et qui porte indifféremment le nom de l'Illy et du
Floing ; puis, avec cet ensemble de forces, se porter sur
Saint-Menges, d'où l'on dominait la route de Mézières
déjà coupée par quelques divisions de la troisième armée. Si l'on parvenait à reprendre cette route jusqu'à
Vrigne-aux-Bois, l'armée française était sauvée. Dans
ce mouvement, à cette heure matinale, l'armée du prince
royal de Saxe ne pouvait pas nous créer de très-grands
embarras parce que le ravin et les bois qu'elle avait à
franchir entre Givonne et Illy se prêtaient fort bien
à la défensive. Le grand danger était évidemment du
côté du prince royal de Prusse ; mais il faut remarquer
que le prince, jusqu'à dix heures, n'avait pas du tout
le gros de ses forces à Vrigne-aux-Bois, ni au débouché du défilé, à Saint-Menges. Il avait déjà là beaucoup

9.

d'artillerie, mais sa cavalerie, postée à Sérifontaine, à moitié chemin de Donchery à Vrigne-aux-Bois, ne prenait part au combat qu'en canonnant à très-longue distance la position de Floing. A Vrigne-aux-Bois, il y avait peu d'infanterie; à Saint-Menges, qui était la clef du passage, il y avait en tout quatre brigades d'infanterie et dix escadrons de cavalerie.

L'attaque précipitée des Bavarois avait pour but, comme le dit M. Borbstaedt, de retenir les Français jusqu'à ce que le prince royal de Prusse eût prononcé son mouvement tournant. Si les Français, laissant à une arrière-garde et à l'artillerie de Sedan le soin de contenir quelque temps la quatrième armée, faisaient refluer toutes leurs forces, au nombre de 80 à 90,000 hommes sur le plateau d'Illy, et de là se jetaient sur les Prussiens qui, jusqu'à dix heures, n'avaient à Saint-Menges, comme nous l'avons dit, que deux divisions d'infanterie, et qui, vers onze heures, ne comptaient encore en cet endroit que 25 à 30,000 hommes, ils avaient grande chance de les écarter de la route de Mézières avant que les Saxons eussent franchi l'espace entre Villers-Cernay et Fleigneux. Enfin, en mettant les choses au pis, en supposant que l'armée française, malgré la supériorité du nombre, ne pût pas percer jusqu'à Vrigne-aux-Bois, et qu'elle fût arrêtée dans l'étroit défilé que forme, à l'extrémité de la boucle de Glaire, la route de Mézières resserrée entre la rivière et le rocher, elle avait toujours la ressource, comme le fait observer le général

Ducrot, de se jeter dans les chemins vicinaux et les sentiers qui courent à travers les bois, entre la route et la frontière belge. Ces chemins, a-t-on dit, sont peu nombreux et fort étroits. C'est vrai; mais faute de chemins, on aurait pu traverser en plein bois. Dans ce cas, l'armée française aurait probablement perdu toute son artillerie, elle aurait eu énormément de soldats dispersés, dont beaucoup eussent été sabrés ou ramassés par la cavalerie ennemie. Une cinquantaine de mille hommes auraient atteint Mézières. Le désastre eût été très-grand, mais on aurait évité le suprême malheur de la capitulation de toute l'armée. C'eût été un autre Sadowa, ce n'eût pas été Sedan.

Plein de l'idée que le salut des troupes dont il venait de recevoir le commandement se trouvait d'abord dans une concentration sur le plateau d'Illy et ensuite dans une marche sur Mézières, le général Ducrot donna immédiatement des ordres en conséquence. Le 12ᵉ corps, qui avait le plus long chemin à faire pour atteindre Illy, devait se mettre le premier en retraite. Son mouvement serait couvert par les divisions Pellé et Lhériller, qui allèrent se poster sur un terrain intermédiaire entre le ravin de la Givonne et le calvaire d'Illy. Les divisions Wolff et de Lartigue furent maintenues provisoirement à Givonne et à Daigny. Le général Ducrot envoya aussitôt ses instructions aux commandants des corps d'armée. Il fait remarquer, dans son récit de la journée de Sedan, combien il est fâcheux que le général de Wimpffen n'ait pas ré-

clamé en ce moment (entre sept et huit heures) le
commandement en chef, puisqu'il devait le revendiquer plus tard. On aurait ainsi évité des mouvements
contradictoires qui ne pouvaient que jeter le désarroi
dans l'armée française. Ses ordres donnés, Ducrot se
rendit auprès du général Lebrun pour en presser l'exécution. Il trouva ce général fort chagrin du mouvement en arrière qui lui était prescrit. Lebrun ne soupçonnait pas l'immense danger qui menaçait l'armée
française à l'ouest; il voyait surtout l'ennemi qu'il
avait devant lui, et, comme il l'avait repoussé jusque-là, il ne comprenait pas l'urgence de la retraite. Il ajouta « que le mouvement dont il était question présentait des difficultés sérieuses, qu'il n'était
possible qu'à la condition de traverser le bois de la
Garenne par une ou deux routes au plus, sur lesquelles
il serait difficile à l'artillerie de marcher; qu'en outre
il était à craindre que ses troupes, qui s'étaient maintenues avec énergie sur toutes les positions depuis le
matin, n'eussent pas la même confiance et la même
énergie dès qu'elles verraient qu'il s'agissait pour elles
d'un mouvement de retraite. »

Ces raisons avaient bien leur valeur, et, suivant le
rapport du général Lebrun, elles firent hésiter le général Ducrot, qui insista moins sur la nécessité d'une
retraite immédiate; cependant il ne renonça pas à son
idée, et, vers huit heures et demie, il renouvela, et
cette fois d'une manière formelle, à Lebrun, l'ordre de
se replier sur Illy. Le commandant du 12e corps n'a-

vait plus qu'à exécuter un mouvement dont la suite de la bataille devait démontrer l'opportunité. La division de Vassoignes commença la retraite en laissant dans Bazeilles quelques troupes qui continuèrent contre les Bavarois un combat très-acharné. La division Grandchamp dessina ensuite une manœuvre analogue, tandis que la division Lacretelle, à gauche, maintenait l'ennemi en face de la Moncelle. Quant au 1er corps, le mouvement rétrograde se borna aux divisions Pellé et Lhériller (réduites à une brigade chacune), qui avec leur artillerie et l'artillerie de réserve occupèrent la position en arrière qui leur avait été assignée. La retraite s'opérait avec assez d'ordre ; cependant, un grand nombre de soldats avaient une tendance fâcheuse à s'enfoncer dans les chemins creux qui mènent à Sedan, et à chercher un refuge sous les remparts de cette ville ou dans la ville même : abri trompeur et dangereux.

L'empereur était depuis une heure et demie dans cette position de Balan, qui, bien qu'un peu en arrière de la première ligne de bataille, était en ce moment la plus exposée aux projectiles ennemis.

Le mouvement de retraite, lorsque Lebrun faisait encore une si fière contenance, l'étonna ; il envoya en demander la raison à Ducrot. Celui-ci apprit ainsi la présence de l'empereur sur le champ de bataille ; il le croyait à Mézières. Il donna rapidement des explications qui, transmises à l'empereur, ne soulevèrent pas d'objection de sa part, soit que Napoléon les trouvât

suffisantes, soit que, dans l'état des choses, il jugeât
tous les plans également désespérés. Il s'éloigna alors
de Balan pour gagner quelque autre point du champ
de bataille, et descendit dans le Fond de Givonne; puis
il prit le chemin creux qui mène à Givonne. Quoique
le combat ne fût pas encore engagé sur toute la ligne,
il rencontra beaucoup de soldats qui reculaient vers
Sedan.

La bataille, pour qui en embrassait l'ensemble, pour
qui surtout prévoyait la manœuvre du prince royal de
Prusse, s'annonçait mal; mais il n'en était pas ainsi
sur la première ligne qui faisait face à l'ennemi; le
vaste demi-cercle allant de Bazeilles à Floing n'avait pas
encore été entamé, et en faisant abstraction par la pensée du double mouvement tournant, à peu près inaperçu
dans les brouillards du matin, qui convergeait vers Illy
et Fleigneux, on aurait dit que la journée promettait un
succès. Le général de Wimpffen en jugea-t-il ainsi?
crut-il, au contraire, comme il le prétend, que la retraite ordonnée par Ducrot précipitait la catastrophe?
Nous ne savons; toujours est-il qu'il revendiqua le
commandement en chef lorsque Ducrot l'exerçait depuis plus de deux heures. Il l'avertit vers neuf heures
par un billet écrit au crayon qu'un ordre du ministre
de la guerre l'investissait de ce commandement; il lui
envoyait en même temps ses instructions fondées sur
l'idée fausse que les Allemands reculaient devant la
droite française. « Il ne doit pas être question en ce
moment d'un mouvement de retraite, » lui disait-il, et

il lui recommandait de soutenir vigoureusement Lebrun, tout en surveillant la ligne de la Givonne, qu'il
était chargé de garder. Wimpffen espérait donc gagner
une victoire à sa droite et oubliait le danger qui le
menaçait à sa gauche. Il prétend bien qu'il le connaissait ; mais alors on s'explique mal comment il dégar-
nit de plus en plus cette partie du champ de bataille.

La vérité, c'est que son attention se porta à peu près
uniquement sur sa droite, c'est-à-dire sur la Givonne
et Bazeilles. Jamais deux généraux n'eurent des idées
plus diamétralement opposées que les deux chefs qui,
après Mac-Mahon, dirigèrent la bataille de Sedan. L'un,
avec raison, selon nous, ne voyait le salut de l'armée qu'à l'ouest, à Illy, à Fleigneux, à Saint-Menges,
sur la route de Mézières ; l'autre s'obstina à le chercher
à l'est, à Bazeilles, à Givonne, sur la route de Carignan. Jusqu'à la fin, il crut qu'il pourrait se faire jour
de ce côté ; le matin il espérait y battre l'ennemi.

Nous pensons que Wimpffen connaissant mal le
terrain sur lequel on combattait, ne connaissant guère
l'armée où il était arrivé depuis moins de deux jours,
conçut son plan sur de fausses données ; il se fit, selon
nous, doublement illusion sur la possibilité de vaincre
et sur l'avantage de prendre à l'est sa ligne de retraite ;
mais, de toute façon, ce fut une circonstance bien malheureuse que cette opposition de vues entre les deux
généraux, et que les ordres contradictoires qui en ré-
sultèrent. Le maréchal de Mac-Mahon, dont l'opinion
ne saurait être omise, voit dans cette complète diver-

gence d'idées une des principales causes du désastre,
et il semble que, pour lui, il aurait de préférence tenté
le mouvement que Wimpffen préféra aussi. C'est ce
que fait présumer sa déposition devant la commission d'enquête. Nous rapportons ses paroles mêmes :

« Voilà, dit-il après avoir exposé les résultats qu'eurent les ordres contraires de Ducrot et de Wimpffen,
voilà donc comment les choses se sont passées.

« Eh bien, il en aurait été autrement si le commandant en chef n'avait pas été blessé. En effet, à six heures
et demie, il était encore sur le terrain, et il aurait décidé la retraite d'un côté ou de l'autre, et il aurait
battu en retraite d'un seul côté et avec tout son monde
à la fois. S'il avait battu en retraite avec toute son armée sur Carignan, il aurait réussi à passer, parce que,
par le fait, il n'y avait de ce côté que des Bavarois, un
autre corps saxon et la garde royale. Or les corps bavarois et saxon furent tenus en échec pendant toute
la journée par le seul corps du général Lebrun, qui
ne se composait que de trois divisions et peut-être à
la fin d'une quatrième du général Ducrot. Eh bien, le
général Ducrot s'était porté en avant, et arrivait sur
un plateau où il n'y avait rien devant lui.

« La garde n'était pas là ; elle était beaucoup plus à
droite, du côté de la Chapelle. Il aurait pu se porter
sur les hauteurs et arriver avant les Saxons et la garde,
qui ne les ont occupées qu'à huit heures et demie. Si
celui qui commandait avait été assez heureux pour décider ce mouvement, il est positif que, soutenu par le

corps de Douay et par les deux divisions de Wimpffen,
on prenait en flanc les Saxons et les Bavarois, qui
étaient culbutés dans la Meuse. Je ne puis pas dire
que la bataille aurait été gagnée, et je ne sais ce qui
serait arrivé après, mais, par le fait, tout était dégagé,
on se serait retiré avec assez de facilité. En effet, l'armée de gauche, commandée par le prince de Prusse,
n'est arrivée à faire sa jonction qu'à une heure et demie; or le mouvement dont je parle aurait commencé
à sept heures du matin, et de sept heures à une heure
il y avait bien le temps de tout culbuter et de s'en aller.
Il n'en a pas été ainsi. »

Malgré la grande autorité du maréchal de Mac-
Mahon, nous persistons à croire que le mouvement
sur Carignan n'offrait point de chances de succès;
mais faisons à ce vaillant homme de guerre l'honneur de penser que s'il n'avait pas été mis hors de
combat, les choses auraient en effet pris une autre
tournure, et qu'une issue aurait été trouvée à la malheureuse position où l'armée française se voyait enfermée.

Wimpffen, sans avoir reçu d'instructions, suivait
d'instinct l'idée du maréchal; mais il était déjà bien
tard pour en tenter l'exécution. De plus, Wimpffen ne
possédait pas, comme Mac-Mahon, la confiance des
soldats; il ne pouvait pas en obtenir les mêmes
efforts. Rendons-lui pourtant cette justice qu'il montra
beaucoup de zèle et que, le dernier des généraux, il
se résigna à la défaite.

Il se dirigeait vers le 12ᵉ corps pour ramener les troupes en avant, lorsque, dans le chemin creux de Givonne, il rencontra l'empereur. Celui-ci venait d'apprendre ou peut-être n'apprit qu'en ce moment, que son armée avait un troisième général en chef. Ce n'est pas de quoi il s'occupa, puisqu'il était convenu que lui-même ne commandait plus, mais il exprima au général de Wimpffen ses craintes de voir l'armée tournée et enveloppée. « Que Votre Majesté ne s'inquiète pas, répondit le général, dans deux heures je les aurai jetés dans la Meuse. » Il ne parlait, à ce qu'il prétend dans son récit, que des Bavarois, mais l'empereur et son entourage crurent qu'il s'agissait de toute l'armée prussienne, et un des aides de camp de l'empereur, le général Castelnau, prenant la main du général Pajol, lui dit : « Plaise à Dieu que ce ne soit pas nous qui y soyons jetés ! »

Le général de Wimpffen n'entendit pas cette parole de mauvais augure et s'éloigna, tout entier à ce retour offensif qu'il venait de prescrire aux généraux Ducrot et Lebrun ; après leur avoir renouvelé ses ordres, il se porta à l'autre extrémité du champ de bataille, du côté de Douay, qui n'avait eu jusque-là à lutter que contre l'artillerie.

Le mouvement de retraite commencé à la droite de l'armée française fut ainsi suspendu. Le général Ducrot, qui avait vainement essayé d'amener Wimpffen à son idée de concentration sur le plateau d'Illy, n'avait plus qu'à obéir ; il fit descendre les divisions Pellé et

Lhériller des hauteurs qu'elles venaient de gravir
péniblement dans des terres labourées. Ces troupes,
déjà fatiguées, marchaient encore dans la direction de
l'est, lorsque la canonnade commença à se faire entendre à l'ouest, vers Fleigneux et Saint-Menges.
Une seconde bataille commençait de ce côté. Avant
d'en suivre les péripéties, il convient de raconter ce
qui s'était passé sur la ligne de la Givonne, depuis
que Ducrot avait ordonné la retraite.

Le général de Tann, commandant du 1ᵉʳ corps bavarois, avait, dès sept heures du matin, engagé toute sa
première division contre les régiments de l'infanterie
de marine qui occupaient Bazeilles; il n'avait pu,
malgré ses efforts, s'emparer de ce village, que les
Français défendaient rue par rue, maison à maison.
A neuf heures, il engagea sa seconde division. C'était
le moment où la retraite prescrite au 12ᵉ corps enlevait aux défenseurs de Bazeilles leur appui; mais
dans le feu de l'action ils ne s'en aperçurent pas. Trop
peu nombreux pour répéter les mouvements offensifs
qui plusieurs fois avaient refoulé les assaillants jusqu'à la gare, ils continuèrent à tenir bon dans les
maisons. Quelques habitants, comme c'était inévitable
dans une pareille lutte, s'associaient au combat, mais
c'étaient des cas rares et isolés, qui ne justifient nullement les mesures atroces que les Bavarois prirent
contre cette malheureuse petite ville. D'abord pour
venir à bout de la résistance opiniâtre qu'ils rencon-
traient, ils mirent le feu aux maisons. Déjà la veille,

les batteries de la rive gauche y avaient allumé des
incendies qui brûlèrent toute la nuit et illuminèrent de
leur clarté sinistre l'espace compris entre Bazeilles et
la rivière. Dans la matinée, les incendies redoublèrent
sous le feu concentré des batteries bavaroises; cependant ce ne fut point l'artillerie qui causa les principaux ravages ; les torches incendiaires y eurent plus
de part. Sur les 436 maisons environ dont se composait Bazeilles, on compte que 36 furent détruites par
les obus, 400 furent brûlées dans le combat du
1er septembre ou après la bataille. Cette affreuse dévas-
tation n'est pas le seul acte de cruauté que l'on puisse
reprocher aux Bavarois. Quand ils se furent rendus
maîtres du bourg, ils passèrent par les armes ceux
des habitants qui leur tombèrent entre les mains et
qu'ils soupçonnaient d'avoir combattu contre eux.
Onze personnes, à ce que l'on croit, périrent de cette
manière. Vingt-sept ou vingt-huit autres, parmi lesquelles des vieillards, des femmes et des enfants,
furent asphyxiées, brûlées ou ensevelies sous les dé-
combres. Enfin, pour clore ce triste martyrologe, il
faut ajouter que sur les deux mille habitants que la
barbarie du vainqueur privait de leur asile et qui se
réfugièrent dans les villages voisins, il en mourut environ cent-cinquante par suite de la misère, des priva-
tions et des mauvais traitements subis. Voilà ce qu'est
la guerre, même dans des temps qui se disent civilisés.

Un peu après dix heures, la lutte avait cessé presque entièrement dans Bazeilles en flammes, mais elle

se continuait au nord du village, autour du château de
Montvillers. Une partie des divisions Vassoignes et
Grandchamp, pour dégager Bazeilles et la Moncelle, s'était portée résolûment entre ces deux points,
et un combat des plus violents, où les Allemands
firent surtout usage de leur artillerie, bien supérieure
à la nôtre, avait eu lieu dans le terrain accidenté et
coupé de haies où s'élève le château de Montvillers.
Une division saxonne accourant au secours des Bavarois contint les Français, mais sans les faire reculer.
Quel effet l'ordre de retraite eut-il sur cet engagement ? On ne saurait le dire ; en tous cas les Français,
même après neuf heures, ne cédèrent pas sans combattre ; à dix heures, lorsque la résistance expirait
dans Bazeilles, ils tentèrent un vigoureux effort contre
l'artillerie bavaro-saxonne. « Les Français, dit Borbstaedt, poussent en avant avec une telle impétuosité,
que deux batteries bavaroises se voient forcées de
rétrograder pendant que la batterie saxonne, la plus
voisine, se défendait à coup de mitraille. Mais cette
attaque finit par échouer devant le feu convergent des
autres batteries et des soutiens d'infanterie qui s'en-
gagent à leur tour. » Établis à Montvillers, les Allemands descendent peu à peu jusqu'au fond de la
vallée, et l'artillerie qu'ils ont accumulée sur le ver-
sant du plateau (13 batteries saxonnes et 2 batteries bavaroises), acquiert une telle supériorité sur l'artillerie
française, que celle-ci est forcée d'aller prendre position en arrière vers Balan.

Entre dix et onze heures, les Allemands étaient maîtres de l'espace qui sépare Bazeilles de Daigny, et nous fermaient entièrement la route de Carignan.

Daigny même, quoique héroïquement défendu par la brigade Fraboulet de Kerléadec de la division de Lartigue, était tombé au pouvoir d'une division du xiiᵉ corps à neuf heures et demie. Là encore les Allemands avaient surtout agi par leur artillerie, et, fatigués de leur effort, ils ne suivirent pas les Français au delà de la Givonne.

La garde marchant à la droite du xiiᵉ corps s'avançait en deux colonnes par Francheval et Villers-Cernay; sa cavalerie portée en avant touchait à la route de Bouillon. Tandis qu'une de ses divisions d'infanterie concourait à la prise de Daigny, l'autre couronna de son artillerie la crête des hauteurs qui dominent à l'est le village de Givonne et échangea un feu très-vif avec les Français placés sur la crête opposée. La division Wolff, chargée de défendre cette position, s'y maintint malgré des pertes sensibles, mais elle ne put pas empêcher les Allemands de s'emparer du village de Givonne. Ils en étaient maîtres avant onze heures, et dès lors la garde se trouva libre de continuer son mouvement tournant sur Fleigneux pour aller donner la main à la troisième armée qui y arrivait par le côté opposé. La route de Bouillon nous fut coupée comme l'avait été celle de Carignan. Les Français, refoulés sur les hauteurs de la rive droite de la Givonne, exposés de front à la formidable artillerie que les Allemands avaient établie sur l'autre rive du ruisseau, étaient de plus pris en écharpe par les batteries bavaroises de la rive gauche de la Meuse. Ce feu incessant, auquel notre artillerie ne répondait que faiblement, démoralisait les soldats, dont beaucoup quittaient leurs rangs et se refugiaient jusque dans Sedan. Le général Pajol raconte que lorsque l'empereur y rentra vers onze heures et demie « il y avait déjà plus de trente mille hommes entassés dans les rues, pêle-mêle, sans ordre. » On a contesté cette assertion qui, en effet, nous semble exagérée. Un habitant de Sedan porte à vingt mille le nombre des soldats qui cherchèrent un asile dans la ville pendant la bataille.

Le général Ducrot voyait le danger croître du côté d'Illy où la garde, d'une part, et les deux corps de la troisième armée de l'autre allaient faire leur jonction. Quoiqu'il ne fût pas chargé de garder ce point qui était la clef du champ de bataille, il résolut de s'y porter pour voir ce qui s'y passait. Malheureusement le 7e corps et le 5e, placés de Floing à Illy et dans le bois de la Garenne, ne s'étaient pas remis de la journée de Beaumont ; le trouble était grand dans une partie de ces troupes. Ducrot, en se dirigeant vers le calvaire d'Illy, fut arrêté par un torrent d'hommes et de chevaux ; infanterie, cavalerie, artillerie, tout se précipitait pêle-mêle. Il essaya en vain de les arrêter. Apercevant un régiment de cuirassiers qui descendait au trot le long du bois de la Garenne, il courut à son commandant, l'adjura de se former en bataille, de tenir la

position quelques instants, lui promettant d'amener
promptement de puissants renforts, puis il partit au
galop à la recherche de Wimpffen.

Ce général, en quittant Lebrun et Ducrot à dix heures
et demie, s'était rendu auprès du général Douay. La
bataille, qui depuis plus de six heures durait à l'est,
commençait à l'ouest.

Le xi⁰ corps, comme nous l'avons dit, avait occupé,
le 31 août, la ville de Donchery par une avant-garde ;
il passa tout entier sur la rive droite de la Meuse
dans la nuit suivante, et à six heures du matin il se
dirigea en trois colonnes sur la route de Mézières pour
couper la retraite aux Français ; il devait d'abord se
porter à Vrigne-aux-Bois, mais le prince de Prusse,
qui de Donchery, où il était établi, entendait distinctement le bruit de la bataille engagée à l'est, ordonna
au xi⁰ corps de converser à droite et de marcher au
canon en franchissant l'étroit défilé qui longe au nord
la presqu'île de Glaire et en venant occuper Saint-
Menges. Ce changement de direction amena quelque
confusion dans les colonnes prussiennes ; le v⁰ corps,
qui suivait de près le xi⁰, le coupa sur la route de
Mézières ; il s'ensuivit d'assez longs retards, de sorte
qu'il était plus de midi lorsque toute l'infanterie prussienne eut franchi le défilé où, malheureusement pour
nous, il ne se trouvait pas de Français pour l'arrêter.

Le bataillon d'avant-garde du xi⁰ corps avait dépassé
le défilé un peu après huit heures et occupé Saint-Menges que gardaient à peine quelques avant-postes fran-

çais. Derrière lui venait l'artillerie divisionnaire et de réserve des deux corps; à mesure qu'elle débouchait, elle prenait position sur les hauteurs au sud-est de Saint-Menges, l'artillerie du xi⁰ corps à droite, celle du v⁰ à gauche, de manière à former une longue et terrible ligne de feux destinée à contre-battre Floing, Illy et le bois de la Garenne. Si cette formidable masse d'artillerie que gardait alors un nombre insuffisant de fantassins avait été assaillie entre neuf et dix heures par une grande partie de l'armée française, comme Ducrot l'avait proposé, elle aurait couru des dangers; mais elle put déboucher du défilé et se former aussi tranquillement que si elle eût été à longue distance de l'ennemi. Les Français ne prenaient aucune initiative et attendaient passivement l'attaque des Prussiens.

Le général Douay occupait le plateau de Floing, qui, du côté de Saint-Menges où se présentait l'ennemi, offre des pentes rapides d'un accès difficile; de là il s'étendait par sa droite jusque vers Illy, dont le 1ᵉʳ corps se rapprochait par sa gauche; la brigade L'Abadie du 3ᵉ corps avait été portée au nord du bois de la Garenne, de manière à relier le 7ᵉ et le 1ᵉʳ corps. La position du général Douay, couverte sur son front par le ruisseau marécageux de Floing, était forte; mais comme il le fait observer, elle avait deux points faibles; en avant de sa gauche s'élevait un gros mamelon couronné de bois, que l'exiguïté de ses forces ne lui permit pas d'occuper et que l'artillerie ennemie couronna dès avant neuf heures. A sa droite, il était dominé par

le plateau d'Illy, et si l'ennemi s'en emparait, le
7° corps allait se trouver dans la situation la plus critique.

La lutte du côté de Floing se borna, pendant plusieurs heures, à un combat d'artillerie ; les Prussiens
n'avaient pas encore leur infanterie, qui n'entra en ligne que vers onze heures ; les Français, de leur côté,
étaient trop peu nombreux pour prendre l'offensive.
Bien que l'infériorité de leur artillerie ne leur permît
pas de rendre autant de coups qu'ils en recevaient, ils
tenaient bon sous le feu. L'écrivain militaire prussien
que nous avons plusieurs fois cité leur rend justice en
des termes qui honorent à la fois l'historien et les
troupes dont il parle : « Les Français, dit-il, inférieurs
sous le double rapport du nombre et de la portée des
pièces faisaient preuve d'une admirable abnégation et
d'un complet mépris du danger.» Le général de Wimpffen arriva, fut content de l'attitude du 7° corps, et,
toujours dominé par l'idée que le plus fort du péril
était à sa droite entre Balan et Givonne, il imagina pour
fortifier Lebrun, de dégarnir Douay, déjà trop faible
contre les deux corps qu'amenait le prince royal de
Prusse. En conséquence, la brigade L'Abadie et deux
brigades du 7° corps furent ramenées à l'est : mouvement malencontreux de toutes façons, car ces troupes,
criblées d'obus sur leur route, se dispersèrent et man-
quèrent à la gauche sans apporter aucun appui à la
droite. Cependant le danger était immense sur notre
centre et notre gauche ; le double mouvement tournant

du prince royal de Saxe et du prince royal de Prusse s'achevait ; les deux armées ennemies, coupant les deux routes de Bouillon et de Mézières, maîtresses de la Chapelle et de Saint-Menges, se touchaient par les bois de Fleigneux et accablaient le plateau d'Illy et la Garenne de leurs feux convergents. Puis, quand elles crurent avoir ébranlé les Français par cette canonnade, la plus intense qui ait peut-être jamais retenti sur un champ de bataille, elles dirigèrent contre eux de profondes colonnes d'infanterie pour achever la victoire.

Le général de Wimpffen, en quittant Douay, revint entre le vieux camp et le bois de la Garenne. C'est là qu'il rencontra, un peu après midi, Ducrot qui le cherchait depuis quelque temps. Un rapide dialogue s'engagea entre eux.

« Les événements que je vous annonçais, lui dit Ducrot, se sont produits plus tôt que je ne le pensais. L'ennemi attaque le calvaire d'Illy. Douay est fort ébranlé. Les instants sont précieux. Hâtez-vous d'envoyer des renforts, si vous voulez conserver cette position.

« Eh bien ! lui répondit Wimpffen, chargez-vous de cela. Réunissez tout ce que vous pourrez trouver de cavalerie, d'infanterie et d'artillerie, et tâchez de tenir bon de ce côté, pendant que je vais aller moi-même voir ce qui se passe du côté de Lebrun. »

Conformément à cet ordre, le général Ducrot envoya son chef d'état-major, le colonel Robert, pour ramener le plus promptement possible les divisions Pellé et

Lhériller, pendant que lui-même réunissait toutes les batteries dispersées entre le bois de la Garenne et Sedan, et les portait sur la crête qui fait face à Fleigneux. Il s'occupa ensuite de rassembler la cavalerie pour l'associer à ce suprême effort. La division Margueritte, composée du 1er régiment de hussards, du 6e régiment de chasseurs et de trois régiments de chasseurs d'Afrique (1er, 3e et 4e), descendait en ce moment du calvaire d'Illy. Ducrot court à elle, il la guide en suivant le pli de terrain derrière lequel se développaient les batteries d'artillerie, et, après les avoir dépassées, il la fait former en bataille. Des fractions des divisions Bonnemain et Salignac-Fénelon se joignent à la division Margueritte. Ducrot dispose ainsi d'une masse considérable de cavalerie, mais elle est fatiguée par les charges qu'elle a déjà fournies, par les pertes qu'elle a subies, et, de plus, le terrain ne lui est pas favorable. Comme à Reichshofen, comme à Mouzon, il est à craindre qu'elle se dévoue inutilement, mais elle est prête à se dévouer.

Notre artillerie appuie d'un feu violent le mouvement de cavalerie qui commence. Les premières batteries qu'elle porte en avant sont renversées et pulvérisées en quelques minutes ; de nouvelles les remplacent et, en se faisant broyer, elles parviennent à contenir pendant une demi-heure les colonnes ennemies.

Ducrot met le temps à profit. Il ordonne au général Margueritte de déboucher à l'est de Floing que l'ennemi occupait, de renverser tout ce qu'il rencontrera et de se rabattre ensuite à droite sur les lignes prussiennes qui menacent Illy. Ce brave officier se porte aussitôt en avant pour reconnaître le terrain ; il tombe mortellement blessé. Le général de Gallifet prend alors le commandement de la division, et Ducrot, toujours présent au fort du danger, ordonne la charge.

Toute cette cavalerie s'élance comme un ouragan entre le bois de la Garenne et Floing ; mais elle vient se heurter contre dix-sept bataillons prussiens. Sous le feu effrayant qui l'accueille, elle disperse les lignes de tirailleurs, mais elle ne parvient pas à enfoncer l'ennemi, et malgré son impétueuse valeur, elle est contrainte de venir reformer ses escadrons derrière l'infanterie.

L'unique brigade de la division Pellé venait d'arriver sur la crête ; mais, par suite d'une erreur, elle avait pris position à droite de l'artillerie, au lieu de se diriger à gauche où elle aurait prêté son appui à la cavalerie. Le général Ducrot ne crut pas devoir imposer un nouveau mouvement à des troupes déjà harassées de fatigue ; il les laissa à droite où elles étaient. Ramassant quelques bataillons ou fractions de bataillons de troupes diverses qui s'étaient défilées dans le ravin, et se mettant à leur tête avec son état-major, il les porta sur la crête à gauche de l'artillerie. C'est derrière cette troupe que la cavalerie de Gallifet vint se reformer pour recommencer la charge.

Quoiqu'un nouvel effort offre bien peu de chances de succès, la cavalerie est disposée à le tenter. Le géné-

ral de Gallifet s'élance de nouveau avec ses escadrons
décimés et essaye encore une fois d'entamer cette
ligne de fer et de feu ; mais les brèches qu'il y pratique à coups de sabre se referment sur ses soldats
broyés ; il revient pourtant à la charge et s'acharne
contre cette masse qui l'écrase.

Le roi Guillaume, placé sur les hauteurs de la Marfée, apercevait distinctement cette partie du champ de
bataille ; il fut saisi d'admiration à la vue de ces cavaliers qui se vouaient à une mort certaine pour retarder
d'un moment la défaite de l'armée française, et il
s'écria : « Ah ! les braves gens ! »

Quand les rares et glorieux débris de la division
Gallifet revinrent de cette charge désespérée, leur retour fut le signal de la déroute. Les bataillons prussiens, que la cavalerie n'avait pu arrêter, poursuivirent
leur mouvement offensif contre notre gauche ; à droite,
la division Pellé, débordée par l'ennemi qui commençait à envahir le bois de la Garenne, écrasée par un
feu d'artillerie qui la prenait dans tous les sens, se
débanda. La division Lhériller, réduite à une brigade,
appelée aussi à Illy, avait rencontré en route un flot
de fuyards et avait été emportée par le torrent. L'artillerie démontée, à bout de munitions, avec ses ser-
vants hors de combat, a cessé de tirer. Il ne reste
bientôt plus sur ce plateau, dont l'ennemi se rapproche rapidement, que le général Ducrot et son état-
major. Le général s'éloigne enfin avec désespoir, et,
guidé par un brave et intelligent officier, le capitaine

Debord, dont il a fait dans son récit un vif éloge, il se dirige vers Sedan pour voir s'il n'y pourra pas rallier quelque partie du 1er corps. Le général de Gallifet l'accompagnait.

La funeste issue de la résistance essayée à Illy entre une heure et deux heures, n'aurait pas permis à Douay de conserver sa position derrière le ruisseau de Floing, quand même cette position n'eût pas été déjà fort entamée. A onze heures, le général de Gersdorff, qui commandait le xIe corps en l'absence du général de Bose grièvement blessé à Reichshofen, avait lancé des troupes sur le village de Floing et s'en était emparé après un violent combat où il fut mortellement blessé. Vers midi, une brigade du ve corps essaya de forcer le centre de la position à un endroit que les relations prussiennes appellent « la Maison grise; » mais elle s'y épuisa sans succès. Un mouvement à l'est de Floing réussit mieux au xIe corps, vers une heure et demie. Le corps de Douay, vivement assailli à sa gauche et tourné sur sa droite par suite de la perte du plateau d'Illy, ne pouvait plus tenir; plusieurs généraux étaient hors de combat. Des pelotons entiers de chevaux sans cavaliers, revenant des charges tentées par le général Ducrot, achevaient de porter le trouble dans les rangs. Il n'avait plus d'artillerie en état de tirer. Il fallut se décider à la retraite.

Elle commençait lorsque, vers deux heures, le général Douay reçut un billet du général de Wimpffen, dans lequel celui-ci lui disait que, voyant la bataille perdue,

il allait tenter une trouée sur Carignan, et qu'il le
chargeait de soutenir la retraite. Le général Douay
répondit que, dans l'état où il se trouvait, avec trois
brigades seulement, sans artillerie, presque sans munitions, tout ce qu'il pouvait faire était de se retirer
sans déroute du champ de bataille. Ses troupes se re-
plièrent, en effet, avec assez d'ordre sur les glacis de
la place. Douay s'y rencontra avec le général Ducrot
un peu après trois heures, vers la partie du rempart
qui borde la citadelle, et fut surpris d'apprendre qu'on
venait de voir le drapeau parlementaire arboré un moment sur un des bastions. Les deux généraux entrèrent
dans la forteresse pour se renseigner sur ce fait et
aussi sans doute pour se mettre en communication
avec l'empereur. Ils n'avaient plus ni l'un ni l'autre de
troupes pour exécuter le mouvement que Wimpffen
leur demandait. En ce moment, la retraite coupée aux
Français, dès avant midi, à l'est et à l'ouest, leur était
définitivement fermée au nord par la jonction de la
garde et du v⁰ corps à Illy, et par l'arrivée de deux
divisions de cavalerie de la troisième armée à Fleigneux. L'investissement de l'armée française était
complet à trois heures. Partout autour d'elle se serrait
une ligne de fer et de feu que Wimpffen allait vainement essayer de forcer du côté de Bazeilles.

Wimpffen, à partir de sa visite au 7ᵉ corps, avait
dû renoncer à ses illusions sur la possibilité de rem-
porter une victoire, et bientôt après, la jonction imminente des deux armées ennemies lui apprit qu'il ne

pouvait pas tenir dans ses positions et qu'il allait être
entièrement investi. Alors, c'est-à-dire vers une heure,
au moment où Ducrot tentait d'inutiles efforts au nord
de la Garenne, il résolut de profiter de la situation
relativement bonne du 12ᵉ corps, pour s'ouvrir la
route de Carignan. Malheureusement, depuis qu'il
avait quitté Lebrun à dix heures et demie, la position
du 12ᵉ corps avait fort empiré. Le Iᵉʳ corps bavarois,
le XIIᵉ corps (Saxons), soutenus par deux divisions du
IIᵉ corps bavarois et du IVᵉ corps prussien, s'étaient
portés en avant de Bazeilles, de la Moncelle et de
Daigny et avaient refoulé sur Balan et le Fond de
Givonne le 12ᵉ corps et les deux brigades (Carteret et
Bellemare) du 1ᵉʳ, envoyées à son secours. Entre une
heure et deux heures, le combat durait encore autour
de Balan ; les divisions de Lartigue et Wolff tenaient
toujours les hauteurs en face de Daigny et de Givonne,
mais, assaillies à leur droite par le XIIᵉ corps, à leur
gauche par la garde, et n'étant plus couvertes par
le 5ᵉ corps et le 7ᵉ, qui abandonnaient la Garenne
et Illy, elles ne pouvaient pas prolonger leur résistance. La position, un peu moins déplorable à l'est
qu'au nord et à l'ouest, était cependant bien mauvaise
là aussi. Wimpffen, qui ne la connaissait peut-être
qu'imparfaitement, ne désespéra pas ; il lui parut possible de se faire jour par la route de Bazeilles et Carignan.

Nous avons dit ce qu'il nous semblait de ce mouvement ; mais s'il ne fallait pas y penser tant qu'on

avait le chemin de **Mézières** ouvert, maintenant que ce chemin était fermé, on pouvait revenir à la route, de l'est, comme à un coup de désespoir, qui permettrait peut-être à quelques fractions de l'armée française d'échapper à la captivité. Le prince de Saxe, en se portant au nord-ouest, avait beaucoup dégarni la route de Carignan ; les **Bavarois** qui la gardaient étaient bien fatigués ; les batteries qui la commandaient n'étaient pas un obstacle absolu, car il eût été possible de se rabattre de la route de la vallée sur la route de la montagne. Si l'armée française avait eu encore trente ou quarante mille hommes solides, il ne leur eût pas été aussi impossible qu'on l'a dit de percer à l'est. Si, une fois à Carignan, au lieu d'aller à Montmédy, ils s'étaient dirigés rapidement sur Stenay et l'Argonne, ils pouvaient à la rigueur **gagner** la Marne, où ils n'auraient trouvé que de la cavalerie ennemie, et revenir ensuite sur Paris. On a vu à la guerre des retraites aussi extraordinaires. Celle-ci, dans tous les cas, méritait d'être tentée, car de toute autre façon l'armée était prisonnière jusqu'au dernier homme.

Le général de Wimpffen fit part de son idée au général Lebrun, mais il semble qu'il ne lui donna pas des ordres positifs ; celui-ci nie en avoir reçu. Cependant on lit dans son rapport à Wimpffen ; « Il était évident pour moi que nous étions débordés par des forces ennemies beaucoup plus considérables que celles auxquelles nous avions cru avoir affaire dans la

matinée, et que, par conséquent, il était impossible
que la lutte se prolongeât avec espoir de succès. Toutefois, mon général, voyant que mes troupes tenaient
toujours bon sur le plateau de la Moncelle et la route
de Stenay, dans le village de Bazeilles, vous fûtes
d'avis que le seul parti à prendre était de forcer le passage par cette dernière route afin de gagner Carignan
et de là Montmédy. Bientôt cette dernière porte de salut
nous fut fermée complétement. » Il est donc certain qu'à
une heure qu'on ne peut préciser, mais lorsque, suivant l'expression de Lebrun, « il était impossible que
la lutte se prolongeât avec espoir de succès, » il reçut
communication de l'idée qu'avait Wimpffen de forcer
le passage vers Carignan. C'est la seule chose qu'il im-
porte historiquement d'établir. Le récit de cette journée est trop triste pour qu'on l'attriste encore par
d'inutiles polémiques.

Le général de Wimpffen écrivit donc aux généraux
Douay et Ducrot : au premier, de couvrir la retraite;
au second, d'amener tout ce qu'il pourrait réunir de
troupes dans la direction de la Moncelle et de Bazeilles.
En attendant ces forces, qu'il ne désespère pas de voir
arriver, car le 7e corps avait tenu jusque-là, et il
restait encore au 1er cinq ou six brigades en ordre,
Wimpffen prescrit aux divisions du 12e corps encore
engagées entre Balan et le Fond de Givonne de préparer
un retour offensif, et il prévient Lebrun qu'il va lui
envoyer la division Goze du 5e corps. La division
Guyot de Lespart reçoit l'ordre d'exécuter le même

mouvement. Nous reproduisons les assertions de Wimpffen en rappelant que Lebrun les a contestées, qu'il a affirmé de la manière la plus formelle que l'ordre de tenter un mouvement sur Carignan ne lui avait jamais été donné.

Ces dispositions rapidement prises, le général de Wimpffen écrit à l'empereur la lettre suivante, qu'il lui fait porter en double expédition :

« Sire,

« Je me décide à forcer la ligne qui se trouve devant le général Lebrun et le général Ducrot, plutôt que d'être prisonnier dans la place de Sedan.

« Que Votre Majesté vienne se mettre au milieu de ses troupes, elles tiendront à honneur de lui ouvrir un passage.

« Une heure un quart. — 1er septembre.

« DE WIMPFFEN. »

Le peu de distance du vieux camp à Sedan permit, malgré l'extrême encombrement des chemins et des rues, à l'empereur de recevoir ce billet avant deux heures. Il aurait certainement pu, s'il l'avait voulu, être sur le champ de bataille entre deux et trois heures. Nous dirons les raisons qui le décidèrent à rester dans la place. Wimpffen, fatigué de l'attendre vainement, prend le parti de porter au-delà du Fond de

Givonne, sur la hauteur qui domine la Moncelle, Bazeilles et Balan, tout ce qu'il a encore sous la main de
troupes capables d'un effort, c'est-à-dire la division
d'infanterie de marine, quelques bataillons de zouaves
et le 47ᵉ de ligne. La division de Vassoignes remonte
donc sur le plateau, que labourent dans tous les sens
les projectiles ennemis. Mais il aurait fallu de l'artillerie pour soutenir ce mouvement, et l'artillerie française, démontée ou manquant de munitions, était
incapable d'apporter une protection sérieuse à l'armée ;
l'offensive s'arrête donc et le combat se poursuit sans
résultats appréciables dans les bois, les jardins, derrière les haies de clôture. Le général de Wimpffen,
étonné de ne pas voir les autres troupes du 12ᵉ corps
s'associer à cette tentative, redescendit vers le village
de Balan pour s'assurer de ce qu'elles devenaient ;
mais ni dans le faubourg, ni à la porte de Balan, il ne
trouva de troupe en ordre et prête à recommencer le
combat. Beaucoup de soldats du 12ᵉ corps, et le général
Lebrun lui-même, étaient rentrés dans Sedan.

Le général Wolff, qui avait gardé vigoureusement
jusqu'à deux heures les hauteurs en arrière de Givonne, avait dû lui aussi se replier, il avait ramené
ses troupes vers le vieux camp. C'est en dirigeant ce
mouvement de retraite qu'il fut blessé par un éclat
d'obus. Les généraux de Lartigue, Fraboulet et Carteret
du 1ᵉʳ corps étaient également blessés.

A la porte de Balan, Wimpffen reçut d'un officier
de la maison de l'empereur, qui le cherchait depuis

11

longtemps, une lettre où Napoléon lui annonçait que le drapeau parlementaire flottait sur les murs de Sedan, et le chargeait d'aller traiter avec M. de Moltke.

En effet, pendant que le commandant en chef s'attachait à l'idée plus ou moins praticable de forcer à l'est la ligne ennemie, l'empereur prenait le parti de capituler.

Le matin, après avoir rencontré le général de Wimpffen dans le chemin creux de Givonne, il était rentré dans la ville, poussé, entraîné, par le flot des soldats qui rétrogradaient sur Sedan. Le général de Courson et le capitaine de Trécesson venaient d'être grièvement blessés près de lui. Le général Pajol, à qui nous devons ces détails, ajoute : « Les obus tombaient (dans les fossés et les rues de Sedan) comme sur le champ de bataille et y faisaient les mêmes ravages. Sur le pont, un obus éclata à deux pas de l'empereur et tua deux chevaux à côté de lui ; il est extraordinaire qu'il n'ait pas été tué là ! » Il était onze heures et demie. L'empereur vit un moment le maréchal de Mac-Mahon, puis il songea, dit-on, à revenir sur le champ de bataille. Mais déjà l'encombrement qui se produisait dans les rues et aux issues de Sedan rendait la sortie difficile, sinon impossible. Il rentra donc à la sous-préfecture et attendit. Deux heures se passèrent ainsi. Sedan regorgeait de soldats qu'un aveugle instinct de la conservation poussait dans les rues de la ville, où ils n'étaient guère moins exposés aux projectiles ennemis que sur le champ de bataille. La vue de cette désorganisation, la pensée de

tant de victimee frappées sans que leur mort servît en
rien à la défense, agirent irrésistiblement sur lui. Nous
avons dit que, la veille, il ne nourrissait aucun espoir. Il pensa que, en s'adressant directement au roi
de Prusse, il en obtiendrait de meilleures conditions
pour l'armée; peut-être croyait-il aussi l'apaiser en
abdiquant et sauver ainsi l'empire par le sacrifice personnel de sa couronne. Il était dans ces dispositions
lorsqu'il reçut la lettre de Wimpffen. L'offre de percer
l'épée à la main les lignes ennemies aurait tenté Fran-
çois Ier et Henri IV, si l'on peut supposer Henri IV se
laissant passivement enfermer dans la position où se
trouvait l'empereur; sur lui, elle fut sans effet. Il y répondit par l'ordre donné à Wimpffen d'aller traiter
d'un armistice avec M. de Moltke; puis, comme il ne
reçut pas de réponse de ce général, qui était alors sur
les hauteurs au nord de Balan, il ordonna lui-même,
à trois heures, d'arborer le drapeau parlementaire.
C'est ce drapeau blanc que Ducrot aperçut en arrivant
sous les murs de la forteresse et qui disparut presque
aussitôt; le général Faure l'avait fait abattre. Ducrot
et Douay se rendirent chez l'empereur où Lebrun les
rejoignit bientôt, et ils ne lui cachèrent pas, ce qu'il
savait trop bien, l'état désespéré de l'armée. En effet,
si à une heure il restait encore une lueur d'espoir,
cette lueur même avait disparu à trois heures, lorsque
Douay avait dû abandonner le plateau de Floing, Ducrot
le plateau d'Illy, Wolff les hauteurs de Givonne. « Le
drapeau blanc a été arboré, il faut faire cesser le feu, »

dit l'empereur, et il demande à Ducrot d'en signer l'ordre. Ducrot s'en excuse, et l'on convient de le faire signer par le général Faure. Celui-ci, que l'on court chercher dans la citadelle, répond : « Je viens de faire abattre le drapeau blanc, ce n'est pas pour signer un ordre pareil. »

Cependant puisque tout espoir est perdu, il faut absolument mettre fin à une inutile effusion de sang. Le feu de l'ennemi, un moment ralenti vers trois heures, a repris toute son intensité. Les obus, tombant sur la foule de soldats entassés dans les fossés et dans les rues, y portent le ravage et un affreux désordre ; beaucoup d'officiers sont atteints ; deux généraux sont tués. L'armée et la ville vont-elles être anéanties sous des coups auxquels elles ne peuvent pas répondre ? L'empereur charge le général Lebrun de se rendre auprès de Wimpffen et d'obtenir de lui qu'il traite avec M. de Moltke.

Wimpffen n'avait pas tenu compte du premier ordre de l'empereur. Refusant même de lire la lettre, et repoussant avec une généreuse colère l'idée de capituler, il rentra dans Sedan et fit appel à tous les soldats qui voudraient l'aider dans un suprême effort pour tenter de percer la ligne ennemie. Bien peu répondirent à son appel ; deux ou trois mille hommes de toutes les armes, parmi lesquels se trouvaient des gardes mobiles et des gardes nationaux, le suivirent, emmenant avec eux deux pièces de canon. Avec cette faible troupe, qu'il faut honorer, puisque, la dernière, elle tenta une impossible résistance, Wimpffen revient dans Balan qu'il réoccupe jusqu'au delà de l'église.

Il est rejoint en ce moment par Lebrun, qui lui apporte les ordres de l'empereur, mais qui ne refuse pas de s'associer à cette suprême tentative ; tous deux font quelques centaines de pas dans la direction de Bazeilles, mais ils ne sont pas suivis, et, convaincus de l'inutilité de leurs efforts, ils reviennent tristement à Sedan, où le drapeau blanc flottait de toutes parts, et où les débris du 5ᵉ et du 12ᵉ corps, qui avaient tenu jusque-là au-dessus du Fond de Givonne, venaient aussi de se replier. Les deux généraux y rentrèrent à six heures. La bataille de Sedan était finie.

Dans le récit de ce combat, nous n'avons pas parlé de la division wurtembergeoise, qui, en effet, ne prit aucune part à la lutte. Destinée à surveiller les troupes qui sortiraient de Mézières, elle échangea des coups de fusils avec quelques avant-postes français et eut une trentaine d'hommes hors de combat ; ce fut tout. Le général Vinoy, disposant de la seule division Blanchard, qui acheva d'arriver à Mézières dans la nuit du 31 août, prit position à l'est de cette ville dans la journée du 1ᵉʳ septembre.

Avec dix mille hommes, fort mal pourvus de munitions et dont une grande partie n'avait jamais tiré un coup de fusil, il ne pouvait pas songer à percer à travers toute la troisième armée prussienne pour aller au secours de l'armée de Châlons. Bientôt l'arrivée des fuyards lui révéla la défaite de cette armée et lui fit

• craindre d'être enveloppé dans sa ruine. Il prit alors son parti avec promptitude. Le soir même, il s'éloigna de Mézières, et se replia sur Laon tout juste à temps pour n'être pas intercepté par le VIᵉ corps prussien. Cette retraite, décidée à propos et supérieurement conduite, sauva la division Blanchard et empêcha probablement aussi le reste du 13ᵉ corps d'aller donner dans l'armée allemande victorieuse où il aurait disparu ; ce fut encore une consolation dans un si grand désastre et une ressource précieuse pour la défense de Paris.

On a beaucoup discuté sur le chiffre des troupes qui, du côté des Allemands et du côté des Français, prirent part à la bataille. Les Français, comme nous l'avons fait remarquer plus haut, comptaient de 115 à 120,000 hommes environ ; les Allemands en avaient de 200 à 210,000. Quant aux hommes réellement engagés, M. Borbstaedt en limite le nombre à 121,000 fantassins, du côté des Allemands ; les Français engagèrent de 80 à 85,000 hommes, et peut-être moins, car dans une bataille aussi confuse on arrive bien difficilement à déterminer le nombre des combattants et celui des hommes qui restèrent en réserve ou qui, dès le matin, se réfugièrent dans Sedan. Ce qui fit l'incomparable avantage des Allemands, ce fut leur artillerie ; ils avaient 690 pièces de canon à nous opposer, quand nous n'en possédions guère que 360, car les canons des remparts de Sedan ne méritaient pas de compter [1]. Il

1. Le prince Bibesco, dans son *Histoire du 7ᵉ corps français,* qui paraît au moment où s'achève l'impression de ce volume,

paraît qu'ils n'en mirent en ligne que 618, mais c'était encore une supériorité écrasante, surtout eu égard à la qualité de leur artillerie.

Le chiffre des pertes de part et d'autre est difficile à établir avec certitude. D'après les renseignements fournis par le service des ambulances, il y eut du côté des Français environ 8,500 blessés et 2,500 morts, en tout 11,000 ; peut-être y en eut-il un peu plus, mais le chiffre de 14,000 hommes hors de combat que l'on donne ordinairement nous paraît exagéré. Vingt généraux furent tués ou blessés, et parmi les premiers, on compte deux généraux de cavalerie bien regrettables, Tilliard et Margueritte. Celui-ci ne succomba pas sur le champ de bataille, il mourut quelques jours après. Les Allemands disent qu'ils firent ce jour-là 25,000 prisonniers ; ce n'est pas la peine de disputer sur ce chiffre, puisque, de fait, toute l'armée française était prisonnière à la fin de la bataille ; cependant, pour l'exactitude, on doit remarquer que ce nombre est un peu grossi, et que le chiffre des prisonniers ne dut guère s'élever à plus de 20,000.

trop tard par conséquent pour que nous puissions en faire usage dans le cours de notre récit, dit que l'armée de Châlons avait 408 canons. C'est 18 de plus que nous ne lui en avions attribué, d'après diverses autorités françaises et allemandes, mais il faut remarquer que, dans la journée de Beaumont et dans la nuit du 30-31 août, cette armée perdit (ou égara, comme ce fut le cas pour la division Lhériller) plus de 40 bouches à feu ; il ne lui en restait donc que 360 environ sur le champ de bataille de Sedan : encore ne furent-elles pas toutes mises en ligne.

9 à 10,000 hommes, sans compter les dispersés des jours précédents, s'échappèrent dans diverses directions, ou passèrent en Belgique. En somme, à la fin de la bataille, l'armée se trouva diminuée de 40,000 hommes au moins. Les Allemands constatèrent de leur côté 1,310 morts, 6,443 blessés et 2,107 disparus, dont une grande partie doit être comptée parmi les morts ; en tout 9,860 [1]. C'est une perte relativement faible pour l'immense résultat qu'ils avaient obtenu.

1. Le chiffre des pertes allemandes se décompose ainsi que suit :

	Tués.	Blessés.	Disparus.	Total.
v^e corps d'armée ..	178	809	112	1,099
xie corps	219	1,136	723	2,078
1er corps bavarois...	327	1,399	487	2,213
11e corps bavarois...	197	1,355	652	2,204
xiie corps.	252	978	133	1,363
Garde...............	87	479	»	566
ive corps..........	50	287	»	337
	1,310	6,443	2,107	9,860

Ce détail est intéressant, parce qu'il montre quels furent les corps allemands les plus engagés et ceux qui rencontrèrent la plus forte résistance.

CHAPITRE VII

LA CAPITULATION DE SEDAN
1-3 septembre

———

Le roi de Prusse pendant la bataille. — Bombardement de Sedan. — Le roi Guillaume envoie le colonel Bronsart de Schellendorf demander la capitulation de l'armée française. — Bronsart introduit devant l'empereur. — Lettre de Napoléon au roi Guillaume. — Réponse de Guillaume. — Joie des Allemands en apprenant la reddition de l'empereur. — Rentrée triomphale de Guillaume à son quartier général de Vendresse. — Wimpffen envoyé à Donchery pour traiter de la capitulation. — Entrevue avec M. de Moltke et M. de Bismarck, qui se prolonge jusqu'après minuit. — Dures conditions posées par M. de Moltke. — Efforts inutiles des négociateurs français pour obtenir des adoucissements. — Wimpffen rentre à Sedan sans avoir rien conclu. — L'empereur se décide à se rendre de grand matin au quartier général prussien. — M. de Bismarck, informé de l'arrivée de l'empereur, se rend au-devant de lui. — Leur rencontre à sept heures du matin. — Leur long entretien dans une maison près de Donchery. — L'empereur est conduit au château de Bellevue. — Arrivée de Wimpffen et signature de la capitulation ou convention, entre onze heures et midi. — Texte de la convention du 2 septembre. — Reproches auxquels l'article 2 donne lieu contre Wimpffen. — Entrevue de l'empereur et du roi Guillaume, au château de Bellevue. — Départ de l'empereur pour Wilhelmshœhe, le 3 septembre. — Les soldats français enfermés dans la presqu'île de Glaire. — Chiffres approximatifs des morts, des blessés et des prisonniers : total qui comprend, moins une quinzaine de mille hommes, toute l'armée de Châlons. — Résultat politique de cette catastrophe militaire. — Chute de l'empire et proclamation de la République, le 4 septembre — Récapitulation des événements de cette courte campagne. — Fautes commises du côté des Français. — Causes plus générales auxquelles ces fautes se rattachent. — Conclusion.

Le roi de Prusse passa la nuit du 31 août à son quartier général de Vendresse, à 23 kilomètres de Sedan. Il se rendit le matin du 1er septembre à Frénois, près de Donchery, et s'établit derrière une batterie placée sur les hauteurs que couronnent à peu de distance les bois de la Marfée. De cette position dominante, il suivit, depuis son arrivée, entre huit et neuf heures, toutes les péripéties de la bataille. Il avait Torcy en face de lui, Bazeilles à sa droite, Floing à sa gauche; il voyait, par delà Torcy, Sedan, puis les coteaux boisés, semés de clairières et de villages et coupés de ravins qui, sur la rive droite de la Meuse, s'étagent au-dessus de Sedan. Ce paysage, rempli du fracas des armes, se dégageait du brouillard du matin et dessinait tous ses détails sous un doux soleil d'automne. Le roi apercevait distinctement les progrès des deux corps que commandait son fils. Ses regards s'étendaient de l'autre côté jusqu'au delà de Balan, vers la vallée de la Givonne, où la bataille se prolongea presque tout le jour. Il vit le village de Floing enlevé par ses soldats, et les bataillons français, brisés par l'artillerie prussienne, se retirer précipitamment sur Sedan; il vit la cavalerie française, essayant d'arrêter la marche des vainqueurs, s'élancer par trois fois contre les bataillons prussiens et joncher la terre de ses morts, et quand il vit que ce dernier effort avait été fait en vain, il télégraphia à la reine Augusta, à trois heures quinze, que la bataille était gagnée, et que les Français étaient presque entièrement rejetés dans la ville.

Comme les Français ne se rendaient pas encore, le roi Guillaume ordonna aux batteries bavaroises de

Frénois et de Wadelincourt de tirer en plein sur Sedan,
où s'entassaient les débris de l'armée vaincue. Bientôt
la ville brûla en plusieurs endroits, tandis que brû-
laient aussi les villages autour et au-dessus de Sedan.
Les flammes visibles à travers la fumée, quoiqu'il fît
encore grand jour et que le soleil éclairât ce champ de
carnage, les détonations de l'artillerie allemande à laquelle les Français ne répondaient plus, les milliers
de mourants étendus sur le sol formaient une scène
terrible. Le roi Guillaume, dans son récit de cette
journée, dit que, pour ordonner de cesser le feu, il n'attendit pas d'avoir aperçu le drapeau blanc, ce qui d'ailleurs était difficile à cause de la distance et de la fumée. Informé que des parlementaires se présentaient
aux avant-postes, à Balan et à Torcy, il envoya un des
officiers de son état-major, le lieutenant-colonel Bronsart de Schellendorf, avec mission de demander la
capitulation de l'armée et la reddition de Sedan.

Le colonel Bronsart, introduit dans la place, demanda
à parler au général en chef; on le mena devant l'empereur. Celui-ci, après avoir entendu le messager du roi
de Prusse, répondit que pour la capitulation de l'armée et
de la ville, il fallait s'adresser à Wimpffen, successeur
de Mac-Mahon; que pour lui il allait écrire au roi Guillaume et envoyer sa lettre par le général Reille.

Une première difficulté se présentait. Wimpffen, à
peine rentré dans Sedan, à six heures, désolé de n'a-
voir pris le commandement de l'armée que pour capituler, envoya sa démission à l'empereur; mais aucun

général n'aurait voulu prendre sa succession dans un
pareil moment. L'empereur lui écrivit donc que sa démission ne pouvait être acceptée, qu'il avait fait son
devoir dans cette journée, qu'il le fît encore en sau-
vant l'armée par une honorable capitulation. Il le lui
demanda comme un service à rendre au pays. Wimpffen se résigna un peu plus tard dans la soirée. Du
reste, sans attendre sa résolution, Bronsart et Reille,
porteur de la lettre de l'empereur, partirent pour Frénois. Ils y arrivèrent à sept heures.

Ce fut par Bronsart que le roi de Prusse, son fils
qui l'avait rejoint depuis la fin de la bataille et leur
entourage apprirent avec certitude la présence de l'empereur à Sedan. « L'empereur est là ! » ce mot passa
de bouche en bouche parmi les soldats allemands
comme un cri de triomphe. Le général Reille, descendant de cheval, tendit au roi de Prusse la lettre de
Napoléon ; le roi la prit, mais avant de l'ouvrir, il dit :
« Je demande comme première condition que l'armée
française mette bas les armes. » Puis il lut la lettre qui
contenait ces simples mots :

« Monsieur mon frère,

« N'ayant pas pu mourir au milieu de mes troupes,
il ne me reste plus qu'à remettre mon épée entre les
mains de Votre Majesté.

« Je suis, de Votre Majesté,

« Le bon frère,

« NAPOLÉON. »

Le roi lui répondit :

« Monsieur mon frère,

« En regrettant les circonstances dans lesquelles nous nous rencontrons, j'accepte l'épée de Votre Majesté, et je la prie de vouloir bien nommer un de vos officiers, munis de vos pleins pouvoirs, pour traiter de la capitulation de l'armée qui s'est si bravement battue sous vos ordres. De mon côté, j'ai désigné le général de Moltke à cet effet.

« Je suis, de Votre Majesté,

« Le bon frère,

« GUILLAUME. »

Après avoir remis cette lettre au général Reille et laissé M. de Moltke et M. de Bismarck à Donchery pour y traiter avec le général français, le roi de Prusse retourna à son quartier de Vendresse, partout salué par les hourrahs de ses soldats, qui chantaient l'hymne national et élevaient sur son passage des torches enflammées.

Tandis que le roi de Prusse faisait cette rentrée triomphale à Vendresse, l'empereur recevait sa réponse et dépêchait à Donchery le général de Wimpffen, chargé d'obtenir pour l'armée française les meilleures conditions possibles. Il avait déjà été convenu que l'espèce d'armistice tacite existant entre les deux armées se prolongerait jusqu'à quatre heures du matin.

Wimpffen, accompagné du général Faure, du général Castelnau et de plusieurs officiers, se rendit
à Donchery, où il trouva M. de Moltke, le général de
Blumenthal, chef d'état-major du prince royal de
Prusse, et M. de Bismarck. L'entrevue se prolongea jusque vers une heure du matin, et fut des plus pénibles
pour les négociateurs français, dont la conduite fut
très-digne, au témoignage de M. de Bismarck; ils étaient
condamnés d'avance à n'obtenir aucune concession.
Les Prussiens, fiers d'un succès inouï, entendaient
bien ne perdre aucun des avantages de leur victoire et voulaient en tirer une paix qui leur donnât
Strasbourg et Metz. Au prix d'une paix immédiate seulement, ils auraient pu se montrer moins exigeants sur
la capitulation. Mais l'empereur n'avait ni la volonté
ni le pouvoir de conclure la paix à d'aussi dures conditions; dès lors le roi de Prusse ne voulait entendre à
rien qu'à une capitulation pure et simple, et ce fut par
convenance et pour la forme que ses fondés de pouvoir
acceptèrent la discussion sur ce point.

Dès le début, M. de Moltke posa ses conditions avec
hauteur et sèchement. Il demanda, outre la reddition
de la ville, que toute l'armée, avec ses armes et ses
bagages, fût prisonnière de guerre; les officiers devaient être également prisonniers de guerre, mais on
leur laisserait leur épée comme témoignage d'estime
pour leur courage.

A ces exigences du vainqueur, le général de Wimpffen répondit par la proposition suivante : L'armée

française, après avoir rendu Sedan, se retirerait avec ses armes, ses bagages, ses drapeaux, à la condition de ne plus servir contre la Prusse pendant cette guerre ; elle se rendrait dans une partie de la France au choix du roi de Prusse ou en Algérie.

Le général de Moltke rejeta fort loin ces conditions. « Il connaissait très-bien, dit-il, la situation de l'armée française ; elle était réduite à 80,000 hommes, sans vivres, sans munitions ; il l'entourait avec 220,000 hommes et 500 canons dont 300 étaient déjà en position ; il allait recommencer le feu à quatre heures du matin et il écraserait dans Sedan les débris de l'armée française. »

Le général de Wimpffen ne se rendit pas encore à ces raisons impitoyables ; il parla d'une sortie, d'un coup de désespoir et ne fut pas écouté. Enfin il semblait prêt à rompre cette cruelle et nécessaire négociation lorsque M. de Bismarck fit remarquer que le roi ne devait être de retour que le lendemain à neuf heures ; on pouvait donner à l'armée française jusque-là pour se résigner. On se sépara sans avoir rien conclu, mais la capitulation était décidée parce qu'elle était inévitable.

Dans le cours de cet entretien, le général Castelnau avait pris la parole pour faire observer que l'empereur, en rendant son épée et en se mettant à la discrétion du roi Guillaume, avait espéré obtenir pour l'armée de meilleures conditions. M. de Bismarck dit que, si l'empereur était disposé à traiter de la paix, les conditions

imposées à l'armée pouvaient être modifiées en effet.
Le général Castelnau n'était pas autorisé à aller jusque-là. C'était son épée et non celle de la France que
l'empereur présentait au vainqueur ; sa reddition était
toute personnelle. Réduite à ces termes, la mission de
Castelnau ne pouvait avoir et n'eut aucun résultat. Les
négociateurs rentrèrent dans Sedan, qui offrait le plus
triste spectacle. Les soldats remplissaient les rues, fré-
missant à l'idée de capituler et incapables de lutter encore. Toute discipline avait disparu ; on pouvait craindre pour le lendemain de pires désordres ; mais heureusement cette effervescence ne dégénéra pas en
tumulte, et l'armée, après s'être battue avec honneur,
subit son sort avec dignité.

L'empereur connut dans la nuit, par Wimpffen, les
exigences de l'ennemi ; elles ne l'étonnèrent sans
doute pas, mais, pressé de s'arracher au lamentable
spectacle de Sedan, il se dit que son influence personnelle sur le roi Guillaume pourrait produire quelque
effet avantageux. Il promit donc à Wimpffen d'avoir le
plus tôt possible une entrevue avec le roi de Prusse.
Dès qu'il fit jour, le 2 septembre, il monta en voiture,
et, avec les généraux de sa suite, il prit la route de
Donchery. Le général Reille le précéda pour aller prévenir le comte de Bismarck.

Le ministre du roi de Prusse était au lit. Le général
Reille qu'il connaissait arriva auprès de lui entre cinq
et six heures, lui annonçant que l'empereur approchait
et demandait à le voir.

Le comte de Bismarck s'habilla en toute hâte, monta
à cheval, et courut au-devant de l'empereur, qu'il trouva
à deux kilomètres de Donchery. Il était sept heures.
Napoléon, avec trois de ses généraux, venait dans une
voiture découverte. Il portait l'uniforme de général de
division ; un manteau de cavalier jeté sur ses épaules,
mais ouvert sur sa poitrine, laissait voir toutes ses dé-
corations; sa face pâle, creusée par le chagrin, restait
impassible. Il demanda aussitôt si le roi n'était pas prêt
à le recevoir et s'il n'avait pas assigné un endroit pour
leur entrevue. M. de Bismarck répondit que le roi se
trouvait à plusieurs lieues de là, à son quartier de Vendresse, mais que lui était prêt à mettre à la disposition
de Sa Majesté la maison qu'il occupait. Napoléon accepta, et sa voiture fit quelques centaines de toises dans
la direction de Donchery ; puis, pris d'impatience, il
s'informa auprès du comte de Bismarck, qui suivait à
cheval derrière la voiture, s'il ne pouvait pas s'arrêter
dans une maison qu'il voyait sur le côté gauche de la
route avant le pont de Donchery. C'était une maison
de briques, à deux étages, habitée par un tisserand.
Elle est à sept ou huit mètres de la route, dont la séparent un fossé, une bande de gazon qui va jusqu'au
fossé et une allée sablée qui est devant la porte. On
s'assura qu'elle ne contenait pas de blessés : l'empereur et M. de Bismarck y entrèrent. Là, d'abord dans
une misérable chambre, puis devant la porte, celui qui
était encore le souverain des Français eut un long
entretien avec le premier ministre du roi de Prusse.

Le pauvre artisan qui recevait à l'improviste de tels
hôtes, s'empressa d'apporter deux chaises de paille sur
lesquelles s'assirent l'empereur des Français et le
chancelier de la Confédération du Nord. Il put fournir
aussi des siéges du même genre aux généraux de la
suite, mais non pas à tous, car plusieurs durent s'asseoir sur le gazon. Des chariots de vivres passaient
incessamment sur la route, et leurs rudes conducteurs
jetant un regard curieux sur les personnages assis au
seuil du tisserand, demandaient parfois : « Où est donc
le Napoléon ? » Des officiers allemands, des correspondants anglais placés sur les bords de la route con-
templaient à distance cette scène extraordinaire.

Dès les premiers mots que dit l'empereur sur les conditions imposées à l'armée française, M. de Bismarck
lui fit observer que cette affaire toute militaire ne le
regardait point, qu'elle devait se débattre entre
MM. de Moltke et de Wimpffen. Par contre, il se décla-
rait prêt à entrer en pourparlers avec Sa Majesté sur les
conditions de la paix. L'empereur dit que comme prisonnier il ne pouvait traiter de la paix, que la négociation devait être renvoyée au gouvernement de la régente.
M. de Bismarck n'eut rien à objecter, mais il se fit du refus de l'empereur un argument pour déclarer que la capitulation de Sedan devait avant toutes choses constituer une garantie matérielle des résultats obtenus.

On a beaucoup prétendu depuis, surtout dans le parti
impérialiste, qu'on pouvait traiter alors à de bien meil-
eures conditions que celles qu'on accepta cinq mois

plus tard. Nous admettons sans peine que les Allemands
auraient été moins exigeants après un mois qu'après
six mois d'hostilités; mais ils ne l'auraient pas été
beaucoup moins. L'indemnité de guerre n'eût pas été
aussi forte, cela va sans dire; les cessions territoriales
n'auraient pas été sensiblement différentes. Les dispositions de MM. de Bismarck et de Moltke, si clairement
révélées dans l'entrevue de la veille et ailleurs, ne per-
mettent pas de croire qu'ils eussent demandé moins que
Strasbourg et Metz. Peut-être cependant, par un grand
sacrifice immédiatement accepté, eût-on évité le sacrifice plus étendu encore qui fut imposé à la France au
mois de février 1871. Peut-être en cédant l'Alsace et
Strasbourg eût-on conservé Metz à condition de le dé-
manteler. Mais quel gouvernement aurait osé consentir
ce sacrifice? L'empereur ne voulut pas en assumer
la responsabilité.

Dès lors, son entretien avec M. de Bismarck ne pouvait avoir aucun but pratique. Il remit sur le tapis, pour
l'acquit de sa conscience, l'idée de faire désarmer et in-
terner l'armée en Belgique, rencontra un refus formel, et
n'espérant plus rien, se mit à déplorer la guerre. « Il
ne l'avait pas voulue, disait-il, il y avait été contraint
par l'opinion publique. »

Cet entretien durait depuis une heure environ, lorsque
M. de Moltke survint. L'empereur lui exprima, comme
à M. de Bismarck, son désir d'obtenir des conditions
plus favorables pour l'armée française. Le général écouta
par convenance, et promit d'en référer au roi. Mais son

opinion au sujet de la capitulation était bien arrêtée, ainsi que la volonté de Guillaume. La démarche qu'il offrait de faire était donc de pure forme. Comme l'a dit M. de Bismarck dans son rapport sur cette mémorable entrevue, si M. de Moltke se rendit auprès du roi pour lui soumettre les désirs de l'empereur, ce n'était pas dans l'intention de les appuyer.

Une fois M. de Moltke parti, M. de Bismarck s'éloigna à son tour, disant qu'il allait chercher une maison plus convenable pour y loger l'empereur. Celui-ci, resté seul, se promena un moment dans l'allée étroite du jardin potager. Il fumait pour tromper l'ennui de cette heure anxieuse; puis il revint s'asseoir silencieux parmi ses généraux. Un peu après neuf heures, un détachement des cuirassiers de la garde royale arriva de Donchery et entoura la maison; le lieutenant qui le commandait, descendant de cheval avec deux soldats, se plaça derrière l'empereur et ordonna à ses hommes de tirer leurs sabres. C'était pour Napoléon la marque matérielle de sa captivité. Il jeta un coup d'œil sur les cuirassiers, et une rougeur subite lui monta à la face; ce fut le premier signe d'émotion qu'il donna. Nous empruntons ces détails au livre d'un correspondant anglais, M. Archibald Forbes, dont le récit ne concorde pas toujours avec le rapport plus grave et moins curieusement minutieux de M. de Bismarck.

M. de Moltke était allé au devant du roi de Prusse, qui venait de Vendresse, l'avait rencontré à quatre kilomètres de Donchery, et avait soumis à son approbation la capitulation débattue dans la conférence de la nuit. Elle était assez rigoureuse pour que le roi l'approuvât aussitôt; il ordonna en même temps de donner avis à l'empereur qu'il ne le verrait qu'après la signature de la capitulation.

M. de Bismarck avait fait choix, pour y loger l'empereur captif, du charmant petit château de Bellevue, situé sur la rive gauche de la Meuse, un peu au nord de Frénois. Il alla en informer l'empereur et lui fit part de la résolution de son maître. Napoléon, qui voyait disparaître son dernier espoir, s'il en avait encore, d'obtenir quelque adoucissement au sort de son armée, remonta en voiture, et, sous l'escorte des cuirassiers, fut conduit à Bellevue, où il arriva vers dix heures et demie.

Le général de Wimpffen venait d'y arriver de son côté.

Le sort de l'armée française allait être réglé suivant les conditions posées la veille par M. de Moltke et approuvées maintenant par le roi de Prusse.

Un conseil de guerre avait été tenu à Sedan à sept heures du matin. Il se composait, outre le général en chef, des chefs de corps Ducrot, Douay et Lebrun, du général Forgeot, commandant en chef de l'artillerie, et du général Dejean, commandant en chef du génie; les généraux de division y assistèrent aussi. On reconnut à la très-grande majorité qu'il était impossible de se défendre dans la place ou de sortir de vive force. Deux généraux, Pellé et Carré de Bellemare, furent seuls d'un avis contraire, mais ils finirent par se ranger à la décision de leurs collègues.

Le général de Wimpffen, arrivé vers dix heures, s'entretint d'abord avec le général de Podbielski, et vit bien qu'il lui faudrait subir dans toute leur rigueur les conditions de la veille. Il échangea quelques mots avec l'empereur, qui lui apprit que, n'ayant pas encore vu le roi, il n'avait rien pu obtenir pour l'armée. Il ne lui restait plus qu'à mettre sa signature au bas de la convention préparée par l'état-major prussien. Cette triste formalité s'accomplit le 2 septembre, entre onze heures et midi, dans un salon du rez-de-chaussée, tandis que, dans un salon du premier étage, affaissé sous le poids de l'accablement moral et de la douleur physique, l'empereur était étendu sur un sopha. Quand Wimpffen vint lui annoncer que tout était terminé, Napoléon s'avança vers lui les larmes aux yeux, lui serra la main et l'embrassa.

C'est pour un historien français un pénible devoir de transcrire le funèbre document auquel le général de Wimpffen venait d'apposer sa signature. Disons avant tout que jamais capitulation ne fut plus cruellement nécessaire. Il n'y a point d'autre exemple d'une grande armée aussi complétement investie, aussi certainement vouée à la destruction si elle ne se rendait pas. Voici maintenant le texte de la convention du 2 septembre :

« Entre les soussignés,

« Le chef d'état-major de S. M. le roi Guillaume, com-

mandant en chef des armées allemandes, d'une part, et
le général de Wimpffen, commandant en chef de l'armée
française, d'autre part, tous deux munis des pleins
pouvoirs de LL. MM. le roi Guillaume et l'empereur
Napoléon, la convention suivante a été conclue :

« ARTICLE 1ᵉʳ.— L'armée française placée sous les ordres du général de Wimpffen, se trouvant actuellement
cernée par des troupes supérieures autour de Sedan,
est prisonnière de guerre.

« ART. 2. — Vu la défense valeureuse de cette armée,
il est fait exception pour tous les généraux et officiers, ainsi que pour les employés spéciaux ayant rang
d'officier, qui engageront leur parole d'honneur par
écrit de ne pas porter les armes contre l'Allemagne, et
de n'agir d'aucune autre manière contre ses intérêts
jusqu'à la fin de la guerre actuelle. Les officiers et
employés qui acceptent ces conditions conserveront
leurs armes et les objets qui leur appartiennent personnellement.

« ART. 3. — Toutes les autres armes, ainsi que le
matériel de l'armée, consistant en drapeaux (aigles),
canons, chevaux, caisses de guerre, équipages de l'armée, munitions, etc., seront livrés à Sedan à une
commission militaire instituée par le commandant en
chef, pour être remis immédiatement au commissaire
allemand.

« ART. 4. — La place de Sedan sera livrée ensuite
dans son état actuel, et au plus tard dans la soirée du
2 septembre, à la disposition de S. M. le roi de Prusse.

« ART. 5. — Les officiers qui n'auront pas pris l'engagement mentionné à l'article 2, ainsi que les troupes désarmées, seront conduits, rangés d'après leurs régiments ou corps et en ordre militaire. Cette mesure commencera le 2 septembre et sera terminée le 3. Ces détachements seront conduits sur le terrain bordé par la Meuse, près d'Iges, pour être remis aux commissaires allemands par leurs officiers, qui céderont alors le commandement à leurs sous-officiers.

« Les médecins militaires, sans exception, resteront en arrière pour prendre soin des blessés [1].

« Fait à Frénois, le 2 septembre 1870.

    « DE WIMPFFEN.   DE MOLTKE. »

L'article 2, c'est-à-dire la faveur accordée aux officiers français qui engageaient par écrit leur parole de ne pas porter les armes contre l'Allemagne, a donné lieu à de vives récriminations contre Wimpffen qui l'avait accepté avec reconnaissance comme une marque d'égards de la part des Allemands. Nous n'oserions prendre sur nous de nous prononcer à ce sujet ; nous ne pouvons que nous incliner devant le jugement qu'a porté sur cette clause de la convention le conseil d'enquête chargé, sous la présidence du maréchal Baraguey-d'Hilliers, d'examiner les capitulations.

---

1. Nous reproduisons le texte donné par le général de Wimpffen. La rédaction, que l'on trouve dans la traduction française de l'ouvrage du colonel Borbstaedt, offre quelques variantes peu importantes.

Le conseil constate d'abord que le général de Wimpffen, en réclamant le commandement en chef de l'armée, « sans plan arrêté, a fait preuve de conceptions trop peu plausibles ou trop peu justifiées pour ne pas avoir une grande partie de la responsabilité des funestes événements qui amenèrent la capitulation. »

Il constate ensuite « que le souverain, en faisant hisser le drapeau blanc sur la citadelle, sans avoir pris l'avis du général en chef, le dégageait de toute responsabilité sous ce rapport et l'assumait tout entière. »

En conséquence, il loue le général de Wimpffen de s'être constamment opposé à cette capitulation. Mais il le blâme de n'avoir pas insisté pour le maintien de la clause qui, dans les premières conditions des Allemands, telles qu'il les avait apportées au conseil de guerre de Sedan, accordait aux officiers de conserver leurs armes et leurs propriétés personnelles ; il le blâme ensuite d'avoir accepté la clause qui exemptait de la captivité et de l'obligation de rendre leur épée les généraux et officiers qui prenaient l'engagement de ne pas servir pendant toute la durée de la guerre.

Quand une autorité aussi compétente a prononcé, toute contradiction serait déplacée, et il faut s'en tenir à faire observer qu'en inscrivant cet article dans la convention, les Allemands crurent accorder une faveur aux officiers français, et que le général de Wimpffen se félicita d'abord de l'avoir obtenue, tout en refusant d'en bénéficier personnellement.

12

Très-peu d'officiers consentirent à en profiter ; la plupart, à commencer par les chefs de corps, voulurent partager le sort de leurs soldats et furent emmenés en Allemagne.

Dès que la convention fut signée, M. de Moltke et M. de Bismarck la portèrent au roi, qui la ratifia et ne fit plus difficulté de voir l'empereur. Il se rendit à deux heures au château de Bellevue, accompagné de son fils, escorté de ses cuirassiers et suivi de son état-major. L'empereur vint le recevoir au bas du perron du château. Tous deux entrèrent dans un petit salon du rez-de-chaussée, où ils causèrent pendant un quart d'heure.

Leur conversation, qui se borna probablement à un échange de paroles insignifiantes, est restée un secret, quoique plusieurs écrivains en aient fait des récits d'invention. Les deux interlocuteurs pourraient seuls la raconter ; or, ils se sont jusqu'ici contentés d'en parler en termes très-généraux qui ne nous apprennent rien. « Nous étions tous les deux très-émus de nous revoir ainsi, dit le roi de Prusse. Tout ce que j'éprouvais en ce moment, après avoir vu, il y a trois ans, Napoléon au faîte de sa puissance, ne peut s'exprimer.» « Dans cette conférence, dit l'auteur d'une brochure écrite sous les yeux, et probablement sous la dictée de Napoléon, le roi témoigna des sentiments élevés qui l'animaient en ayant pour l'empereur tous les égards que comportait son malheur, et celui-ci conserva une attitude pleine de dignité. » Voilà tout ce que l'on trouve à rapporter sur cette entrevue célèbre, qui n'a pas beaucoup d'analogues dans l'histoire.

Au bout d'un quart d'heure, le roi de Prusse se retira ; l'empereur le reconduisit, et en rentrant, il échangea quelques mots avec le prince royal. Il était fort ému. « Le roi a été si bon ! » disait-il en essuyant ses larmes avec son gant. C'est du moins ce qui se racontait dans l'état-major prussien et ce que des correspondants anglais recueillirent aussitôt.

Napoléon n'avait pas longtemps à rester à Bellevue. Les sombres heures qu'il y passa n'ont point été racontées, et sans doute aucun incident n'en varia la morne tristesse. Le correspondant anglais que nous avons déjà cité eut le lendemain soir l'occasion de visiter la chambre où l'empereur avait passé la nuit précédente. Sur la petite table, près du lit, il vit ouvert un volume. C'était la traduction d'un roman de Bulwer, *Le dernier des barons*. Les aventures de Warwick, le faiseur de rois, qui, après avoir deux fois disposé du trône d'Angleterre, périt vaincu sur le champ de bataille de Barnet, avaient apporté quelque diversion aux désolantes pensées du souverain captif, ou avaient abrégé son insomnie, comme dans le poëme de Byron le récit de Mazeppa donne une heure de sommeil à Charles XII fugitif. Ces détails sont peu de chose, mais l'histoire ne les dédaigne pas ; elle y trouve un ample sujet de réflexions.

Napoléon tenait surtout à ne pas reparaître devant ses soldats ; pour cela, il lui fallut éviter Sedan et se

rendre par la Belgique en Allemagne, où le roi de
Prusse lui assigna comme résidence Wilhelmshœhe,
près de Cassel. Il ne pouvait le faire qu'en longeant les
lignes prussiennes de Frénois à la frontière belge.
C'est le chemin qu'il choisit. Le lendemain matin, 3 septembre, à huit heures et demie, il quittait Bellevue, et
traversait la Meuse à Donchery.

Il pleuvait à verse. L'empereur était dans un brou-
gham, en petite tenue de général de division avec l'étoile
de la Légion d'honneur sur la poitrine. Il n'avait avec
lui qu'un seul de ses généraux ; les autres, avec des officiers prussiens, étaient dans des chars à bancs. De
nombreux fourgons et une soixantaine de chevaux conduits par des grooms venaient ensuite. Des hussards
noirs escortaient sa voiture.

Ainsi défila sous la pluie, dans la grande rue de cette
ville de Donchery, d'où Henri IV datait une aimable lettre sur la soumission de Sedan, le dernier cortége impérial. Des soldats wurtembergeois qui traversaient Donchery faisaient entendre des chants patriotiques, mais
sans insulte. Les habitants du bourg, hommes, femmes
enfants, que la curiosité attirait sur leur porte, ne montraient ni sympathie ni chagrin. Ce fut ainsi que l'empereur quitta la France où l'empire devait durer encore
vingt-quatre heures.

Pendant ce temps, les soldats français, exemptés de
l'humiliation de défiler et de déposer leurs armes devant
l'état-major ennemi, étaient menés et parqués dans la
presqu'île de Glaire, où, sans abri et misérablement

nourris, ils eurent horriblement à souffrir jusqu'à ce qu'on les fit écouler sur l'Allemagne. Des misères de ce séjour, des misères de la route et de la captivité on ne parlera pas ; le récit en serait trop triste et n'appartient pas à ce sujet. Outre les 25,000 hommes pris dans le cours de cette campagne et dans la journée de Sedan, la capitulation livra à l'ennemi 83,000 hommes, y compris les blessés trouvés dans la ville et les non-combattants. C'est le chiffre que donnent les Allemands. Ils ajoutent que dans ce nombre étaient 2,866 officiers dont 40 généraux. 4,000 soldats français environ passèrent en Belgique, où ils furent internés : d'autres, en nombre difficile à préciser, se sauvèrent vers Rocroy, vers Mézières, vers Rethel ou dans d'autres directions ; d'autres en nombre plus considérable s'étaient dispersés pendant la marche de Reims à Sedan ; 16,000 à peu près avaient été tués ou blessés du 28 août jusqu'au soir du 1er septembre. Voilà ce qu'étaient devenus les 140,000 hommes qui avaient quitté Courcelles le 23 août. Il n'y a pas dans les temps modernes d'exemple d'une catastrophe aussi soudaine et aussi terrible. La seule qui en approche, c'est la destruction de l'armée prussienne dans les vingt premiers jours de la campagne de 1806. Militairement, cette défaite moins rapide fut même plus complète dans ses résultats puisqu'elle laissa Berlin sans un défenseur et la Prusse sans un corps d'armée ; mais elle ne produisit pas le même contre-coup politique ; la dynastie de Hohenzollern survécut à Iéna, l'empire est mort de la capitulation de Sedan.

12.

Napoléon, après avoir passé la nuit à Bouillon, continua sa route, le 4 septembre, par Libramont, Liége et
Verviers. Se trouvant fatigué, il coucha dans cette ville,
et là, dans la nuit, il apprit que l'empire venait de
s'écrouler à Paris, sans coup férir, et que la République était proclamée. La révolution du 4 septembre
fut l'épilogue de Sedan.

Ce récit, par une simple exposition des faits, a suffisamment mis en lumière les fautes qui amenèrent
en si peu de temps la ruine de nos armées et laissèrent la France presque sans aucune force régulière
pour lutter contre l'invasion des Allemands. La déclaration de guerre, beaucoup trop précipitée, était tout à
l'avantage de l'ennemi, bien mieux préparé que nous
à rassembler et à mettre en mouvement de grosses
masses. Les défauts de notre organisation militaire se
trahirent aussitôt par la flagrante infériorité numérique de nos forces ; l'insuffisance du commandement
suprême se montra dans le mauvais usage que l'on fit
de ces forces. Aucun plan n'avait été arrêté à l'avance,
aucune initiative ne fut prise ; on reçut l'attaque des
ennemis là où elle se présenta, sans la prévoir, sans
troubler leurs opérations offensives, sans songer à se
ménager une ligne de retraite. Quand cette incapacité
dans la direction eut produit ses résultats naturels ;
quand on eut vu à Reichshofen le 1er corps écrasé par
des forces triples, tandis qu'à quelques lieues de distance un autre corps français tout entier ne prenait

aucune part à l'action ; quand on eut vu, le même jour, trois divisions rester, faute d'ordres, immobiles à douze kilomètres du 2ᵉ corps engagé contre les divisions d'avant-garde de deux armées allemandes, et laisser tourner en défaite une bataille que leur intervention pouvait changer en victoire, cette cruelle expérience ne servit à rien ; la retraite fut aussi mal conduite que la disposition des troupes sur la frontière avait été mal entendue, elle s'exécuta au hasard, sans ordre et sans ensemble.

Deux corps se retirèrent précipitamment sur Châlons; les autres s'attardèrent sur la Moselle et quoique maîtres des passages de la rivière et protégés par la forteresse de Metz, ils se laissèrent déborder sur leur flanc gauche. L'attaque que l'ennemi, cette fois inférieur en nombre, poussa contre la route de Verdun, quoique vigoureusement reçue par les Français qui tinrent la victoire entre leurs mains et ne surent pas la garder, décida le maréchal Bazaine à rétrograder sous les forts de Metz au lieu de continuer sa marche vers Châlons. Cette fatale résolution n'immobilisa pas seulement l'armée du Rhin, elle perdit l'armée qui se formait à Châlons, en inspirant au ministre de la guerre l'idée de l'envoyer au secours des corps bloqués sous Metz. Le maréchal de Mac-Mahon, après beaucoup d'objections inutiles, consentit à opérer un mouvement dont il prévoyait l'issue désastreuse, et comme il l'entreprenait sans confiance, il l'exécuta sans décision.

Deux armées allemandes, la troisième et la qua-

trième, fortes de 240,000 hommes, allaient de la
Meuse à la Marne avec Châlons d'abord, puis Paris
pour objectifs ; l'armée française, forte de 140,000 hommes, allait de la Marne à la Meuse, avec Stenay, puis
Montmédy pour objectifs. Quand ces deux mouvements
en sens inverse eurent amené à peu près à la même
hauteur les deux forces belligérantes, le 26 août, l'une
entre Revigny et Changy, l'autre entre Vouziers et Le
Chesne, elles étaient séparées par toute la longueur
de l'Argonne, dont l'une suivait l'extrémité sud, dont
l'autre traversait l'extrémité nord. L'intervalle entre
elles était de 75 kilomètres environ ; c'est la distance
moyenne que les Allemands eurent à franchir pour
joindre l'armée française et la tourner sur la Meuse et
sur l'Aisne ; ils y consacrèrent quatre jours, c'est-à-
dire qu'ils firent cinq lieues par jour. La rapidité de la
marche n'est donc pas le trait caractéristique de la
célèbre manœuvre qui mena les Allemands à Stenay,
à Buzancy, à Vouziers et de là à Sedan, mais ce qui fait
de cette conversion du sud au nord un des plus remar-
quables mouvements qui aient jamais été exécutés,
c'est le nombre immense des troupes dont la direction
fut ainsi brusquement renversée sans qu'il en résultât
pour elles de désordre et de confusion, sans que les
vivres et les munitions leur manquassent. Cette opération, presque sans égale dans l'histoire, atteste le haut
point de perfection qu'a atteint l'état-major allemand
et mérite d'être proposée en exemple à tous ceux qui
auront plus tard à conduire des armées.

Sans doute, si le maréchal de Mac-Mahon qui le 26
touchait à Vouziers avait marché résolûment sur Stenay, il aurait franchi les quarante-trois kilomètres qui
le séparaient de cette ville avant que le prince royal de
Prusse, qui avait soixante-quinze kilomètres à faire
jusqu'à Vouziers et les Bavarois, qui en avaient soixante-
cinq jusqu'à Buzancy, fussent venus lui fermer la
retraite à l'ouest ou la route vers l'est ; il n'eût trouvé
devant lui que la quatrième armée imparfaitement concentrée et très-inférieure en nombre. Un succès n'était
pas impossible, mais il était douteux, parce que le
prince royal de Saxe, au lieu de défendre le passage de
la Meuse, se serait replié sur les renforts qu'on lui
amenait de Metz. Mac-Mahon, arrivé à Montmédy et n'y
trouvant pas Bazaine, n'aurait guère été moins embar-
rassé qu'il ne fut à Sedan. En vérité, la marche au
delà de la Meuse, téméraire dans toutes les suppositions, était une folie désespérée si l'on n'était assuré
d'avance du concours du maréchal Bazaine.

Le maréchal de Mac-Mahon le sentait, il voulut renoncer à ce funeste mouvement le 27, et, s'il le continua, ce fut sur l'ordre formel du ministre de la
guerre. Peut-être aurait-il pu, en donnant une impulsion plus vigoureuse et une direction plus précise à
son armée, l'amener tout entière, avant le 30, sur la
rive droite de la Meuse de manière à éviter le combat
de Beaumont, peut-être aussi eut-il tort de ne pas assi-
gner immédiatement à ses soldats Mézières au lieu
de Sedan comme point de retraite. On peut lui repro-

cher encore de n'avoir pas profité de la journée du 31
et de la nuit suivante pour faire franchir à ses troupes
le dangereux défilé de Glaire, ou du moins de ne pas
l'avoir fortement occupé, ce qui n'était pas impossible
si l'on eut placé à Saint-Menges et dans les bois du
Sugnon tant de soldats qu'on laissa dans le voisinage de
Sedan, où ils reçurent des obus sans pouvoir riposter et
se désorganisèrent sans combattre. L'idée de livrer bataille sur les hauteurs de la Givonne eut de si funestes
effets, qu'on regrettera toujours qu'elle l'ait emporté
dans l'esprit du maréchal sur le projet contraire du
général Ducrot. La blessure de Mac-Mahon, les idées
diamétralement opposées entre elles des deux généraux qui lui succédèrent à la tête de l'armée, concou-
rurent à rendre plus prompte et plus complète une défaite qui, dès le matin, paraissait bien difficile à éviter.
Le désastre fut complet. On doit le considérer comme
le dernier terme d'une série de fautes dont la principale, celle d'où découlent les autres, fut le mouvement
sur Montmédy; celui-ci à son tour s'explique par le fatal retour de Bazaine sous les forts de Metz après la
bataille du 16 août, et cette retraite de Bazaine, funeste
dans ses conséquences plus qu'aucune faute rapportée
par l'histoire, est elle-même la suite de l'indécision qui
avait retenu deux ou trois jours de trop l'armée du
Rhin sur la rive droite de la Moselle; cette indécision,
enfin, qu'était-elle, sinon la continuation des incertitudes et des tâtonnements qui avaient amené nos premières défaites ? Ainsi tout s'enchaîne dans ces fautes

militaires, jusqu'à ce qu'elles viennent aboutir à la perte de l'armée entière.

Les causes qui de cette ruine de l'armée firent la ruine de l'empire sont plus générales ; nous les avons indiquées dans le courant de ce récit, et nous ne voulons pas les reproduire une à une en terminant. Tout au plus aurons-nous le courage d'y faire une rapide allusion. C'est assez d'avoir écrit une fois ces vérités sévères.

Par sa grandeur comme désastre militaire et par sa conséquence immédiate qui fut la chute d'un empire, la capitulation de l'armée de Châlons est un événement unique dans l'histoire. Que tous ceux de nous qui sont capables de réfléchir le méditent et en tirent l'austère leçon qu'il contient. Espérons qu'une si grande épreuve n'aura pas été infligée à notre pays sans que quelque bien sorte à la longue d'un si profond malheur. La France apprendra de la mauvaise fortune ce que la prospérité lui avait fait oublier : que le travail est la loi du gouvernement comme du peuple, du citoyen qui tient un fusil ou une épée comme de l'ouvrier qui manie les outils de l'industrie ou de l'agriculture ; que l'infatuation est le plus dangereux des conseillers ; que la présomption et l'ignorance mènent à l'abîme ; que la sagesse dans le dessein, l'ordre, la décision et la persévérance dans l'exécution sont les conditions nécessaires du succès, et que de toutes les qualités qui font la grandeur des nations, celle dont un pays peut le moins se passer et sans laquelle les autres ne sont que des faveurs trompeuses, c'est la sincérité, l'amour

de la vérité, le sérieux. L'empire a péri parce qu'il
a voulu vivre d'illusions et s'est reposé sur d'agréables
mensonges, parce qu'il avait ce faux éclat qu'on appelle
le prestige. L'homme d'État, doué d'intelligence et de
volonté, qui, du prestige, saura distinguer la réalité sévère et vraie, qui méprisera l'un pour s'attacher à l'autre,
saura aussi par quelle politique on peut relever ce que la
politique de l'empire a laissé tomber. Mais fût-il doué de
génie et rencontrâ-t-il des circonstances favorables, ce
héros inconnu que nous appelons de nos vœux sans
presque l'espérer, ne réussirait point dans une entreprise si haute, et véritablement au-dessus des forces
d'un homme, s'il ne trouvait la France préparée à l'aider
d'une cordiale et active adhésion, s'il ne la trouvait
désabusée, au moins en partie, de ce prodigieux amas
de faussetés et de chimères dont se compose son édu-
cation révolutionnaire. Quiconque tient honnêtement
une plume se doit de détromper le public des opinions
fallacieuses sur lesquelles il se repose et de le ramener
à la notion du vrai. Qu'il le fasse hardiment, sans
égard à aucun parti, dans la mesure de ses forces et
suivant le sujet qu'il traite. N'eût-il détruit qu'une
erreur, il aura rendu service à son pays ; en tout cas
il aura accompli son devoir. Cette considération nous a
engagé à écrire un si douloureux récit ; elle nous décide
à le publier. Il ne saurait être agréable à personne,
mais nous comptons qu'il sera utile à quelques-uns.

APPENDICE

—

Note Bibliographique sur les divers ouvrages relatifs à l'armée de Châlons et à la bataille de Sedan.

La partie de la campagne de 1870 qui s'étend du 23 août au 2 septembre, a donné lieu à un grand nombre d'ouvrages. Nous indiquons ici ceux que nous avons eus entre les mains et dont nous avons profité.

Papiers et Correspondance de la famille impériale. Paris, 1871.
2 vol. in-8º.

Les derniers Télégrammes de l'empire. — *Campagne de* 1870.
Paris, 1871. In-8º

Campagne de 1870. *Des causes qui ont amené la capitulation de*
Sedan, par un officier attaché à l'état-major général.

Cette brochure, rédigée à Wilhelmshœhe très-peu de temps après les événements, exprime fidèlement les impressions et les idées de l'empereur dans les mois qui suivirent la catastrophe de Sedan. Elle parut à Bruxelles an mois de novembre 1870 et fut reproduite dans plusieurs journaux français et étrangers.

L'Empire et la Défense de Paris devant le Jury de la Seine. —
Introduction et conclusion, par le général Trochu. Paris, 1872.
Grand in-8º.

*Enquête parlementaire sur les actes du Gouvernement de la
Défense nationale.* — *Déposition des témoins*, tome 1ᵉʳ. Ver-
sailles. In-4º.

Ce premier tome a paru lorsque l'impression de notre volume s'achevait. Nous y avons trouvé la déposition du maréchal de Mac-Mahon et celle de M. Rouher que nous connaissions déjà, la pre-mière par une copie manuscrite, l'autre par un extrait publié dans le *Gaulois* du 8 juin 1872. Nous devons dire que le texte de ces deux dépositions n'est pas conforme à celui que donnaient la copie et l'extrait. Le fond reste assez semblable sans être tout à fait identique, la forme est très-différente. Nous n'insistons pas sur la déposition de M. Rouher, dont nous avons fait peu d'usage.

13

Nous nous sommes souvent servi, au contraire, de la déposition du maréchal de Mac-Mahon; nous en avons cité tout un passage (p. 160), nous l'avons fait naturellement d'après la copie qui nous avait été communiquée par un ami, nous prévenons le lecteur qu'il ne le trouvera pas textuellement dans la rédaction que nous devons désormais tenir pour authentique; il y trouvera les paroles suivantes qui expriment bien les mêmes idées, mais dans un langage sensiblement différent.

« Si le général en chef, dit le maréchal, n'avait pas été blessé, peut-être les choses ne se seraient-elles pas passées ainsi. — Sur les six heures du matin, il aurait pris un parti pour marcher avec toutes ses forces soit sur Mézières, soit sur Carignan.

« A six heures moins un quart environ, en examinant les positions vers ce dernier côté, il n'apercevait que les Bavarois sur le plateau du bois Chevalier. Si, dans ce moment, tout le corps du général Ducrot, appuyé par le corps entier du général Douay, avait reçu l'ordre de traverser le ravin de Givonne pour se porter sur ce plateau, il est plus que probable que ces sept divisions, bien commandées, auraient culbuté les deux divisions saxonnes et arrêté avant qu'elles ne fussent arrivées sur le plateau du bois Chevalier, les deux divisions de la garde royale, dont l'une n'arriva que vers huit heures et demie, en face de Villers-Cernay, tandis que l'autre se portait sur La Chapelle.

« Les Bavarois qui avaient été un moment sur le point de battre en retraite devant les seuls efforts du corps Lebrun, ainsi qu'a bien voulu le dire le prince de Saxe, pris en flanc par les divisions du général Ducrot, auraient pu être jetés dans la Meuse et la Chiers. Les soixante escadrons de cavalerie dont aurait pu disposer le général en chef, auraient alors pu agir dans la vallée de la Chiers et rendre difficile la retraite de l'ennemi.

« Je persiste donc à dire que si le général en chef avait porté, sur les six heures et demie, toute son armée à l'est, les Bavarois, les Saxons et la garde royale n'auraient pu l'arrêter. Il suffisait, pour assurer ses derrières, de laisser dans le bois de la Garenne une partie ou la totalité du corps de Wimpffen, qui, à la rigueur, se serait rejeté plus tard dans Sedan.

« Qui peut dire le résultat qu'aurait eu cette attaque contre des troupes ayant à dos la Meuse et la Chiers? »

Le passage relatif au général Trochu n'est pas non plus tel que nous l avions rapporté (p. 18). Voici comment le maréchal s'exprime dans sa déposition consignée au premier tome de l'*Enquête :*

« L'empereur.... . ne répondit pas d'abord. Sous un prétexte que je ne me rappelle pas, il rentra dans son cabinet en me faisant signe de l'y suivre. Là, il me demanda si je connaissais le général Trochu, s'il pouvait avoir en lui confiance entière. Je lui répondis que je connaissais le général depuis de longues années, que c'était un homme d'honneur, un homme de cœur et qu'il pouvait compter entièrement sur l'engagement qu'il prenait. C'était ma conviction intime. »

Nous n'avons pas à décider si la différence entre les deux versions tient à des remaniements que le texte sténographique aurait
subis avant d'être livré à l'impression; mais nous avons dû la signa-
ler à nos lecteurs.

*Un Ministère de la guerre de vingt-quatre jours, du 10 août au
4 septembre 1870,* par le général COUSIN DE MONTAUBAN,
comte de Palikao. Paris, 1871. In-8°.

La Journée de Sedan, par le général DUCROT. Paris, 1871. In-8°.

Dans les pièces justificatives de ce livre, on trouve le rapport du
général de Wimpffen au ministre de la guerre, différent de celui
qui est cité dans l'ouvrage de ce général ; le journal des marches
et opérations du 1er corps d'armée, à partir du camp de Châlons,
par le commandant Corbin, sous-chef d'état-major général ; un
extrait des Notes du colonel Robert, chef d'état-major général du
1er corps, etc., etc.

Sedan, par le général DE WIMPFFEN. Paris, 1871. In-8°.

Cet ouvrage contient, outre le récit du général de Wimpffen :
le rapport allemand sur la bataille de Sedan ; le rapport de
Wimpffen au ministre de la guerre, daté de Fays-les-Veneurs
(Belgique), 5 septembre ; le rapport du général Lebrun ; le rapport du général Douay ; le protocole du conseil de guerre tenu
à Sedan, le matin du 2 septembre ; le texte de la convention du
2 septembre ; deux lettres du général Lebrun ; une lettre du général Pajol, avec les réponses de Wimpffen ; un rapport sur le 3e de
zouaves ; un extrait du rapport du général de Gallifet ; un rapport
du général Nicolas, commandant la 2e brigade de la 1re division
(Goze) du 5e corps.

Opérations et marches du 5e corps jusqu'au 31 août, par le général
DE FAILLY. Bruxelles, 1871. In-8°.

La Campagne de 1870 jusqu'au 1er septembre, par un officier
de l'armée du Rhin. Bruxelles, 1871. In-8°.

Une des premières relations publiées sur la campagne de Sedan ;
travail particulièrement intéressant pour le 7e corps.

*Campagne de 1870. Belfort, Reims, Sedan. Le 7e corps de l'armée
du Rhin,* par le prince GEORGES BIBESCO, officier supérieur
de l'armée française, attaché au 7e corps. Paris, 1872. Grand
in-8°, avec trois cartes.

L'Armée de Mac-Mahon et la bataille de Beaumont, par M. DE-
FOURNY, curé de Beaumont. Paris, 1871. In-12, avec deux
cartes.

Sedan en 1870. *La Bataille et la Capitulation,* par un Sedanais. Paris, 1872. In-8°.

Cette brochure contient des détails topographiques intéressants, et une *Liste des habitants de Bazeilles, tués, blessés ou disparus lors des combats des* 31 *août et* 1er *septembre* 1870, certifiée par le maire de Bazeilles, M. Bellomet.

Allemands et Français. Souvenirs de campagne. Metz, Sedan, la Loire, par GABRIEL MONOD, directeur adjoint à l'Ecole des hautes études, infirmier volontaire. 2e édition. Paris, 1872. In-18.

Campagne de 1870-71. *Opérations des armées allemandes depuis le début de la guerre jusqu'à la catastrophe de Sedan et à la capitulation de Strasbourg,* par le colonel A. BORBSTAEDT, traduit de l'allemand par E. COSTA DE SERDA. Paris, 1872. Gr. in-8°, avec un atlas.

Tableau historique de la guerre franco-allemande. Berlin, 1871. In-8°.

Recueil fait avec soin d'un grand nombre de documents allemands authentiques sur la guerre de 1870-71. On y trouve : 1° les dépêches militaires allemandes, traduites en français, depuis le départ du roi de Prusse pour l'armée jusqu'à la paix; 2° la chronique de la guerre, jour par jour, traduite du *Moniteur prussien;* 3° les proclamations, ordres du jour, lettres du roi de Prusse ; 4° les relations des principaux combats, etc.

My Experiences of the war between France and Germany, by ARCHIBALD FORBES. Londres et Leipzig, 1871. 2 vol.

Recueil de lettres adressées au *Daily News* et au *Morning Advertiser,* par M. Archibald Forbes, correspondant de ces deux ournaux pendant la campagne de 1870-71.

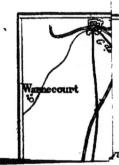

CARTE
DES CHAMPS DE BATAILLE
DE
BEAUMONT ET DE SEDAN
—

Pouru-aux-Bois

arretes a Courcelles sont abandonnés sur la réception de deux dépêches de Bazaine et sur les ordres du ministre de la guerre. — La marche vers Montmédy définitivement résolue le 22 août . . . . 33 à 56

TABLE DES MATIÈRES

—

Preface. . . . . ı à ı

CHAPITRE Ier

L'EMPEREUR AU CAMP DE CHALONS
16-18 Août 1870

Forces comparées de l'Allemagne et de la France. — Premiers revers de l'armée française. — L'empereur remet le commandement au maréchal Bazaine et quitte l'armée. — Son arrivée au camp de Châlons avec le prince Napoléon, le 16 août au soir. — Arrivée du général Trochu et du maréchal de Mac-Mahon. — Conseil tenu le 17. — Trois décisions prises : Nomination de Mac-Mahon comme commandant de l'armée de Châlons, nomination de Trochu comme gouverneur de Paris, retour des mobiles de la Seine sous Paris. — Intention de l'empereur de revenir à Paris, et projet de retraite de toute l'armée sur la capitale. — Dépêche du général de Montauban à l'empereur pour le détourner de ce double projet. — Arrivée de Trochu à Paris, et son entrevue avec l'impératrice. — État des esprits. — L'empereur renonce à ses premières résolutions et reste au camp de Châlons. . . . . 1 à 32

CHAPITRE II

L'ARMÉE DE CHALONS
18-23 Août

Composition de l'armée de Châlons. — Incertitudes du maréchal de Mac-Mahon, qui hésite entre la marche au secours de Bazaine et la retraite sous Paris. — Évacuation du camp de Châlons le 21 août, et transport du quartier-général à Courcelles, près de Reims. — Forces allemandes en marche sur Châlons. — Visite de M. Rouher à l'empereur. — Conseil tenu à Courcelles entre l'empereur, M. Rouher et le maréchal de Mac-Mahon. — La retraite sous Paris est décidée. — Projets d'une lettre de l'empereur et d'une proclamation du maréchal. — Retour de M. Rouher à Paris et mauvais accueil fait aux résolutions qu'il annonce. — Les projets arrêtés à Courcelles sont abandonnés sur la réception de deux dépêches de Bazaine et sur les ordres du ministre de la guerre. — La marche vers Montmédy définitivement résolue le 22 août. . . . . 33 à 56

CHAPITRE III

LA MARCHE VERS MONTMÉDY
23-28 Août

Départ de Reims le 23. — Marche jusqu'à la Suippe. — L'armée oblique sur Rethel le 24. — Elle franchit l'Aisne le 26. — Le quartier-général établi le 27 au Chesne-Populeux. — Première rencontre avec la cavalerie ennemie. — Le maréchal de Mac-Mahon veut se retirer sur Mézières. — Sa dépêche au ministre de la guerre. — Réponse du ministre avec injonction de continuer la marche vers Montmédy. — Mac-Mahon obéit. — L'empereur n'est pas consulté. — Effacement complet de ce prince. — Son caractère. — Résumé de son histoire. — Marche de la troisième et de la quatrième armée allemande sur Châlons. — Le quartier-général du roi de Prusse informé le 25 du mouvement de Mac-Mahon. — Changement de front des armées allemandes qui se dirigent vers le nord . . . . 57 à 82

CHAPITRE IV

LA JOURNÉE DE BEAUMONT
28-30 Août

Direction donnée à l'armée française d'abord sur Stenay puis sur Mouzon. — Arrivée des deux armées allemandes au sud de la route de Vouziers à Stenay. — Combat de cavalerie à Buzancy le 27 août. — Première rencontre du 5e corps avec l'avant-garde de la quatrième armée aux environs de Buzancy le 28 août. — Les Français s'établissent à Belval et Bois-des-Dames. — Passage de la Meuse, par le 12e corps, à Mouzon, le 29 août. — Marche du 5e corps sur Stenay. — Combat de Nouart. — Retraite des Français sur Beaumont. — Jonction des deux armées allemandes. — Ordres pressants donnés par le maréchal de Mac-Mahon pour que les trois corps d'armée restés sur la rive gauche de la Meuse passent cette rivière dans la journée du 30. — Le 1er corps passe la Meuse à Remilly; sa marche sur Carignan. — L'empereur à Raucourt. — Dispositions des Allemands pour une bataille décisive. — Surprise du 5e corps à Beaumont par la quatrième armée. — Résistance des Français; leur retraite précipitée sur Mouzon. — Le 7e corps, pressé par une partie de la troisième armée, passe la Meuse à Remilly et à Sedan. — Combat devant Mouzon. — Beau dévouement du 5e cuirassiers. — Les débris du 5e corps passent la Meuse à Mouzon. — Toute l'armée française sur la rive droite de la Meuse. — Résultats de la journée de Beaumont. . . . . 83 à 114

CHAPITRE V

LA RETRAITE SUR SEDAN
30-31 Août

Le maréchal de Mac-Mahon se décide à se retirer sur Sedan. — Effectif de l'armée française. — Le 7e corps à Sedan. — Le 1er corps à Douzy et à Carignan. — Sur l'ordre du maréchal, le général Ducrot presse l'empereur de partir pour Sedan. — Arrivée de Napoléon dans cette ville. — Description de la ville et des environs de Sedan. — Danger de s'arrêter dans cette position. — Avantage et possibilité de se porter immédiatement sur Mézières. — Retraite du 5e corps et du 12e dans la nuit du 30 au 31 août. — Le général de Wimpffen remplace le général de Failly dans le commandement du 5e corps. — Premier combat de Bazeilles dans l'après-midi du 31. — Arrivée du général Ducrot sur la Givonne. — Son projet de s'établir à Illy pour se porter de là sur Mézières. — Le maréchal de Mac-Mahon lui ordonne de rester à l'est de Sedan. — Mouvements de l'armée allemande à la suite de l'armée française dans la journée du 31. — Conseil de guerre tenu par le roi de Prusse à Chémery, où la bataille est décidée pour le 1er septembre. — Dispositions prises par l'état-major allemand pour envelopper l'armée française. — Incertitude du maréchal de Mac-Mahon ; il n'a pas de plan arrêté et ne donne pas d'instructions à ses lieutenants pour le lendemain. — Proclamation de l'empereur à l'armée. . . . . 115 à 144

CHAPITRE VI

LA BATAILLE DE SEDAN

1er Septembre

Commencement de la bataille à quatre heures et demie du matin. — Le 1er corps bavarois attaque Bazeilles. — Vaillante résistance de l'infanterie de marine. — Le maréchal de Mac-Mahon se porte sur cette partie du champ de bataille. — Il est blessé. — Dispositions du général Ducrot pour défendre les hauteurs de la Givonne. — Le maréchal de Mac-Mahon transmet le commandement en chef au général Ducrot. — Ducrot prend le parti de concentrer toute l'armée sur le plateau d'Illy, pour se retirer de là sur Mézières. — Avantages de cette ligne de retraite. — Ordres donnés en conséquence et commencement de la retraite. — Présence de l'empereur sur le champ de bataille. — Le général de Wimpffen réclame le commandement en chef de l'armée à neuf heures. — Ses vues diamétralement opposées à celles de Ducrot. — Il ordonne un mouvement offensif à l'est, avec projet éventuel de retraite sur Carignan. — Déplorable effet de ces ordres contradictoires. — Opinion du maréchal de Mac-Mahon. — Prise et incendie de Bazeilles par les Bavarois. — Occupation de Daigny par le XIIe corps (Saxons). — La garde prussienne force le passage au nord de Givonne et s'avance contre Illy. — Grand danger de cette position centrale menacée et canonnée d'un côté par la garde, de l'autre par les XIe et Ve corps. — Résistance de Douay sur les hauteurs en arrière du Floing. — Grande supériorité de l'artillerie allemande. — Efforts désespérés du général Ducrot pour conserver le plateau d'Illy. — Charges héroïques de la cavalerie française. — Les Français forcés d'abandonner les hauteurs d'Illy, de la Givonne et du Floing. — Les généraux Douay et Ducrot rejetés sous les murs de Sedan. — Première apparition du drapeau parlementaire sur la citadelle, à trois heures. — Projet de Wimpffen de forcer les lignes ennemies à l'est, et de se retirer sur Carignan. — Ses instructions aux généraux Douay et Ducrot. — Sa lettre à l'empereur. — Retour offensif d'une partie du 12e corps dans la direction de Bazeilles. — Inutilité de cette tentative. — Le reste du 1er corps forcé de quitter la position de Givonne. — Jonction de la garde et du Ve corps prussien à Illy. — Investissement complet de l'armée française. — L'empereur, décidé à capituler, fait arborer le drapeau blanc. — Le général de Wimpffen refuse de traiter d'une capitulation. — Il tente, sans résultat, une pointe dans le village de Balan, avec trois mille hommes. — Sa rentrée dans Sedan, avec le général Lebrun, à six heures. — Fin de la bataille. — Rôle de la division wurtembergeoise pendant le combat. — Le général Vinoy à Mézières, avec la division Blanchard, le 1er septembre. — Sa position dangereuse. — Il sauve sa division par une retraite immédiate et bien conduite. — Forces comparées des armées allemandes et de l'armée française dans la bataille de Sedan.—Pertes de part et d'autre.. . **145 à 188**

CHAPITRE VII

LA CAPITULATION DE SEDAN

1-2 Septembre

Le roi de Prusse pendant la bataille. — Bombardement de Sedan. — Le roi Guillaume envoie le colonel Bronsart de Schellendorf demander la capitulation de l'armée française. — Bronsart introduit devant l'empereur. — Lettre de Napoléon au roi Guillaume. — Réponse de Guillaume. — Joie des Allemands en apprenant la reddition de l'empereur. — Rentrée triomphale de Guillaume à son quartier général de Vendresse. — Wimpffen envoyé à Donchery pour traiter de la capitulation. — Entrevue avec M. de Moltke et M. de Bismarck, qui se prolonge jusqu'après minuit. — Dures conditions posées par M. de Moltke. — Efforts inutiles des négociateurs français pour obtenir des adoucissements. — Wimpffen rentre à Sedan sans avoir rien conclu. — L'empereur se décide à se rendre de grand matin au quartier-général prussien. — M. de Bismarck, informé de l'arrivée de l'empereur, se rend au-devant de lui. — Leur rencontre à sept heures du matin. — Leur long entretien dans une maison près de Donchery. — L'empereur est conduit au château de Bellevue. — Arrivée de Wimpffen et signature de la capitulation ou convention, entre onze heures et midi. — Texte de la convention du 2 septembre. — Reproches auxquels l'article 2 donne lieu contre Wimpffen. — Entrevue de l'empereur et du roi Guillaume, au château de Bellevue.—Départ de l'empereur pour Wilhelmshœhe, le 3 septembre. — Les soldats français enfermés dans la presqu'île de Glaire. — Chiffres approximatifs des morts, des blessés et des prisonniers : total qui comprend, moins une quinzaine de mille hommes, toute l'armée de Châlons. — Résultat politique de cette catastrophe militaire. — Chute de l'empire et proclamation de la République, le 4 septembre. — Récapitulation des événements de cette courte campagne. — Fautes commises du côté des Français. — Causes plus générales auxquelles ces fautes se rattachent. — Conclusion . . . . **189 à 216**

Appendice. . . . . **217 à 220**

Table des matières. . . . . **221 à 224**

PARIS — IMPRIMERIE DE A. POUGIN, 13, QUAI VOLTAIRE — 4013

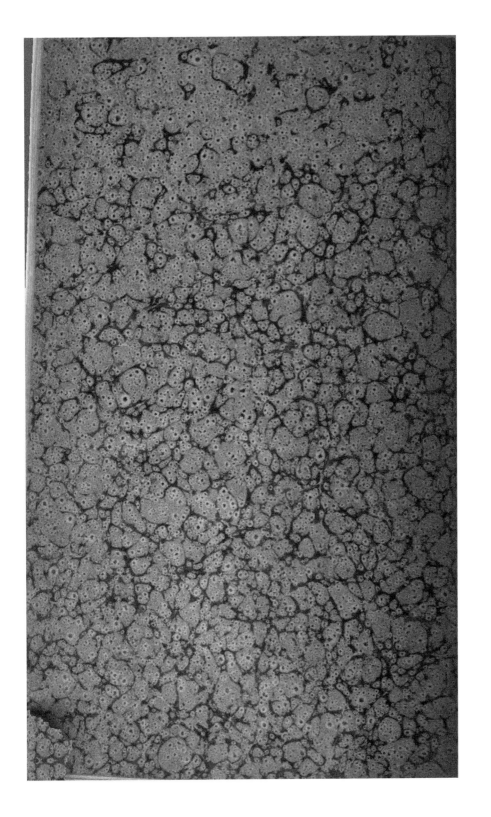

Milton Keynes UK
Ingram Content Group UK Ltd.
UKHW022352221123
433027UK00004B/118